# 扶贫·脱贫·防返贫

## ——湖南省怀化市调研报告

邹吉忠　等著

中国经济出版社
CHINA ECONOMIC PUBLISHING HOUSE
北京

**图书在版编目（CIP）数据**

扶贫·脱贫·防返贫：湖南省怀化市调研报告/邹吉忠等著.
—北京：中国经济出版社，2019.4
ISBN 978-7-5136-5562-0

Ⅰ.①扶… Ⅱ.①邹… Ⅲ.①扶贫—研究报告—怀化 Ⅳ.①F127.643

**中国版本图书馆 CIP 数据核字（2019）第 037607 号**

责任编辑　耿　园　余静宜
责任印制　巢新强
封面设计　华子图文

**出版发行**　中国经济出版社
**印 刷 者**　北京九州迅驰传媒文化有限公司
**经 销 者**　各地新华书店
**开　　本**　710mm×1000mm　1/16
**印　　张**　11.75
**字　　数**　201 千字
**版　　次**　2019 年 4 月第 1 版
**印　　次**　2019 年 6 月第 2 次
**定　　价**　58.00 元
**广告经营许可证**　京西工商广字第 8179 号

**中国经济出版社** **网址** www.economyph.com **社址** 北京市西城区百万庄北街 3 号 **邮编** 100037

本版图书如存在印装质量问题，请与本社发行中心联系调换（联系电话：010-68330607）

# 内容提要

本书是基于作者全面深入参与扶贫攻坚实践而形成的调研成果。作者聚焦集中连片特殊困难地区区域发展与扶贫攻坚，立足于湖南省怀化市经济社会生态文化发展，展开实践经验的总结思考与理论探索，努力构建一个较为系统的脱贫攻坚与防返贫机制研究框架和分析方法。

上篇在概述国家民委派驻武陵山片区怀化联络员开展区域发展与扶贫攻坚工作总体情况的基础上，针对集中连片贫困地区区域发展难题，查找根源，综合分析，试图探明有针对性的解决之道，提出合理的政策建议。下篇以十九大精神为引领，以怀化市各县（市、区）为典型案例，探讨脱贫攻坚与防返贫机制建设的问题与经验，从特色产业、基础教育、基层党建、组织创新、网络技术、社会关爱、城区引领等方面分析探讨构建防返贫长效机制的理论可能与实践路径。

本书意在为参与集中连片特困地区区域发展与扶贫攻坚的一线工作人员提供典型案例和思考方法，进而希望给党政机关、高等院校、科研院所、企业组织等提供参与扶贫攻坚和乡村振兴的实践路径和工作思路，希望能给从事扶贫开发研究的高校教师和研究生提供理论研究的参考和借鉴。

# 作者简介

邹吉忠，1964年生，重庆人，教授、博士生导师，现任中央民族大学党委常委、副校长。2015年5月—2017年4月，挂职任怀化市委常委、副市长。先后于1986年、1992年、2000年在西华师范大学（原南充师范学院）、武汉大学、北京师范大学获哲学学士、哲学硕士和哲学博士学位，曾在华东师范大学、北京大学、澳大利亚国立大学进修访学。2003年、2006年、2009年先后入选北京市“两课学科带头人”、教育部“新世纪优秀人才支持计划”、北京市“四个一批”人才计划。主要研究方向为政治哲学、教育哲学、民族政治学。出版《自由与秩序——制度价值研究》等学术专著5部，在《哲学研究》《哲学动态》《光明日报》等报刊发表学术论文近90篇。

本书其他作者为中央民族大学赴湖南省怀化市各县（市、区）挂职从事扶贫攻坚工作的干部和专家，以及怀化市政府办的汪由元、张杰两位同志。

# 写作分工

| | |
|---|---|
| 导　　论 | 邹吉忠　贺新闻 |
| 第 一 章 | 邹吉忠　赵一君　路义旭　张　杰 |
| 第 二 章 | 邹吉忠　张　杰　刘云喜 |
| 第 三 章 | 邹吉忠　张子新　赵一君　岳永杰 |
| 第 四 章 | 邹吉忠　汪由元　张　杰 |
| 第 五 章 | 张子新 |
| 第 六 章 | 索兴梅 |
| 第 七 章 | 岳永杰 |
| 第 八 章 | 李思川 |
| 第 九 章 | 刘云喜 |
| 第 十 章 | 褚　萍 |
| 第十一章 | 路义旭 |

邹 吉 忠　总纂定稿

贺 新 闻　统　稿

# 前　言

党的十八大以来，以习近平同志为核心的党中央把贫困人口脱贫作为全面建成小康社会的底线任务和标志性指标，开启了精准扶贫、精准脱贫、防返贫的中国实践和中国探索，取得了决定性胜利和突破性进展，谱写了人类反贫困史上的辉煌篇章，为破解人类贫困难题贡献了中国智慧和中国方案。

党的十九大把脱贫攻坚战作为决胜全面建成小康社会必须打赢的三大攻坚战之一，提出了“确保到2020年我国现行标准下农村贫困人口实现脱贫，贫困县全部摘帽，解决区域性整体贫困”的战略目标。满足人民日益增长的美好生活需要、解决不平衡不充分的发展问题，迫切要求实现这一战略目标，要求坚决打赢这场对如期实现第一个百年奋斗目标具有决定性意义的精准脱贫攻坚战，要求时刻预防返回贫困，让贫困人口和贫困地区同全国一道进入全面小康社会。

自2011年实施武陵山片区区域发展与扶贫攻坚规划以来，特别是在十八大后全国打响以精准扶贫为方针的脱贫攻坚战以来，作为国家民委派驻武陵山片区联络员，中央民族大学从事管理研究和实务的干部，从事教学和科研的专家、学者走出校门，赴湖南省怀化市挂职担任市、县（市、区）两级党政干部，转变角色，扑下身子，投入武陵山片区区域发展与脱贫攻坚的生动实践之中。他们深入基层，进村入户，广泛开展调查研究，撰写基于第一手资料的高质量调研报告；他们发挥专长，多方联络，多角度开展帮扶工作，为地方办实事做好事解难事；他们敢于担当，主动作为，全方位参与地方党政工作，助推地方发展与扶贫攻坚。

当好主人，协调联络。联络员同时挂任市、县（市、区）两级党委常委和政府副职，不当客人当主人，全程参与地方党委政府的重大决策部署、贯彻落实工作，切实做好分管或协管工作。参加地方党委常委会、政府常务会、人大常委会等系列会议，参与重大政策制定，迎接上级检查、调研，开展安全生产大检查、群众信访接待等工作，参加招商等重大活动，参与地方干部队伍建设，推动地方工作上新台阶。发挥上下沟通协调的优势，联系中央部委为怀化提供政策指导和支持，协调国家有关单位、企业给予怀化项目和资金支持，联系中央新闻出版单位宣传推介怀化生态文化旅游，邀请专家对怀化进行产业技术指导和培训。

深度调研，总结升华。联络员把握上级要求，吃透中央、省、市、县（市、区）扶贫攻坚政策，走遍怀化的每一个县市区、乡镇村，与乡下农户同吃同住同劳动，体察民情，了解民意，激发民志，开启民智。在无数次深入实地、观察体会、群体访谈基础上，做到对当地贫困情况和扶贫措施的深刻把握，获取第一手调研资料，撰写有深度高质量的调研报告，阐释困难群众奋发自救脱贫致富的经历，树立能人艰苦创业带领贫困户走出困境的典型，总结着眼市场拉动产业发展的经验，阐明组织创新和政策创新推动脱贫攻坚的探索，凝练产业扶贫，大关爱脱贫和文化、教育、党建扶贫的案例。

理论思考，探索创新。基于长时间的实地调研，联络员利用自己所掌握的专业理论知识和方法，跨越不同的学科从不同的视角对怀化脱贫攻坚进行分析。有的作哲学上的社会发展规律思索，有的从民族学上的民风民俗文化视角进行考量，有的从经济学上的资源价值视角进行评估，有的从管理学上的职能流程视角加以探索，有的是定性描述与定量分析相结合，有的是规范研究和实证研究相结合。在此基础上，总结分析和深入阐释了脱贫攻坚的怀化经验，包括应对集中连片贫困地区趋势性贫困难题的对策思考，有“五力并发”决胜脱贫攻坚、拉动区域发展的经验总结，有将怀化市设立为武陵山片区脱贫攻坚与区域发展“都市特区”的大胆设想和建议，有以“胜利名城、五彩怀化”为名片布局和打造武陵山片区生态文化旅游产业的构想，有以国家民委派驻武陵山片区怀化联络员为载体建设一支扶贫攻坚国家团队的政策建议，有从产业、社会、文化、教育、组织、党建、政策创新视角对怀化防返贫长效机制建设的理论探索。

集体研讨，启发深化。针对调查出来的现实问题、分析出来的理论问题，在团队领导的指导下，联络员定期召开研讨会，一起汇报，一起讨论，一起分析，相互启发思路，不断激发出新的想法和观点，形成对问题更有针对性、更有效的解决方案，形成有力的政策建议，助力怀化打赢脱贫攻坚战。后来，尽管回到学校工作，联络员研究团队还是申请到国家民委社会科学后期资助项目，把集中连片特困地区武陵山片区扶贫攻坚作为一个研究领域，基于亲身实践体会和专业理论研究，针对突出问题开展深度研究，志在为多民族贫困地区的改革发展献计出力、贡献智慧和方案。

的确，贫困是长期困扰我国经济发展的顽疾。十八大以来，党中央、国务院采取一系列超常规举措，运用打仗的办法，以前所未有的力度推进脱贫攻坚，取得了决定性进展。当前，一部分县（市、区）已经脱贫摘帽，进入脱贫巩固期。正如曾经有一段时期各个地方争当国家级贫困县、争取中央财政资金支持一样，在不脱贫则县党政一把手不动或被追责的情况下，动力和压力并存，少数地方出现了集体造假、采取短期措施、应付指标检查等问题。若这样，则贫困问题依然没有解决，或返贫问题依然突出。此时，以防返贫问题为导向，从不同视角探讨构建防返贫长效机制显得尤为重要。

通过派驻联络员这一机制直接把高校与政府连接起来，把理论研究者与实践工作者联系起来，是一种中国创新。“纸上得来终觉浅，绝知此事要躬行。”实践是检验真理的唯一标准，理论研究者深入实践，把实践得出的经验归纳提升至理论层面，再把理论演绎应用到更广大的实践中，让理论者真切感受到实践的力量。这是一场理论与实践的深刻对话与互动互驱，必将开辟拓展理论研究的新视野和新风尚，必将为新时代哲学社会科学研究带来意想不到的路径拓展和范式创新。

**邹吉忠**

**2018 年 10 月 12 日于北京**

# 目　录

# 导 论

自2011年武陵山片区区域发展与扶贫攻坚规划实施以来，在国家民委的统一部署下，中央民族大学一批批联络员不忘初心，牢记使命，奔赴集中连片特殊困难地区武陵山片区怀化市，全身心投入脱贫攻坚主战场，走遍县乡村寨深入调研，上下左右沟通协调，发挥专长多方式帮扶，建言献策勠力工作，为确保到2020年怀化市同全国一道进入全面小康社会贡献智慧和力量。

## 一、 与怀化脱贫攻坚结缘

在国家扶贫战略调整的新阶段，在国家民委肩负武陵山片区区域发展和扶贫攻坚试点联系工作的新使命新任务下，通过派驻联络员，中央民族大学与美丽怀化连接起来，全方位助推怀化脱贫攻坚。

### （一）怀化生态富有中显现连片贫困

怀化地处湖南西南部，位于湘、鄂、渝、黔、桂五省（市、区）周边中心地带，地域面积2.76万平方千米，辖13个县（市、区），总人口525.5万。作为湖南面积最大的地级市，怀化市既拥有悠久的人文历史、便利的区位条件、丰富的自然资源，也面临着突出的区域贫困难题。

怀化历史文化悠久，古称“荆楚之地”，早在7800多年前就有人类文明活动。从高庙文化到炎帝故里，从楚国桥头堡到秦汉郡县，怀化始终处在中华文明的圈内。屈原、李白、王昌龄、王阳明在怀化宦游，留下了千古名篇。向警予、滕代远、粟裕等老一辈无产阶级革命家从怀化出生、成长和走出。红军长征在通道县决定转兵西走贵州，走出了胜利。抗战胜利在芷江举行受降洽降，开启了中华人民族复兴之路。怀化保存有中国规模最庞大、形态最丰富、组合最完美的古城古镇古村群落，融汉、侗、苗等民族文化为一体，被誉为“中国古建筑博物馆”。

怀化区位交通便利，素有“黔滇门户”“全楚咽喉”之称，是我国东中部通往大西南的“桥头堡”。市内有1个机场、4条高速公路、5条铁路和15条国省道，高速公路通车里程居湖南全省首位，已成为湖南继长沙之后的第二个高铁大动脉交通枢纽，是全国交通主枢纽城市之一。芷江机场已开通至北京、上海、长沙、广州等航线。以沅江为主体的水运体系穿越全市，直达洞庭湖、长江，通江达海通往世界。

怀化生态资源丰富，被誉为一座“可以深呼吸的城市”。全市森林覆盖率达到70.83%，是全国九大生态良好区域之一，是国家生态示范区和全国生态文明示范工程试点市。怀化素有“林木之乡”“水果之乡”“药材之乡”的美誉。全市活立木蓄积量居湖南省首位，茯苓和天麻产量居全国第一。水能理论蕴藏量丰富，为全国十大水电基地的主体地带。黄金、铜、磷、硅砂、重晶石等矿产储量均居全国或全省前列。

同时，怀化位于集中连片特困地区武陵山片区的中心，是典型的“老、少、边、穷”区，有革命老区县9个、少数民族自治县5个，地处边远山区，距省会最远，山多田少，“八山一水半分田”。怀化所有县（市、区）均为扶贫开发工作重点县，是湖南省贫困面积最大、扶贫开发重点县最多的地区，有10个武陵山集中连片特困县，占整个片区县总数的15.6%，占全省片区县总数的32.3%，有贫困村1025个，占全省贫困村总数的12.8%。

### （二）国家扶贫重点转向集中连片特殊困难地区

消除贫困、改善民生、逐步实现共同富裕，是社会主义的本质要求。扶贫对于全面建成小康社会，增进人民福祉，推进区域协调发展，促进民族团结、边疆稳固，巩固党的执政基础，确保国家长治久安，塑造我国国际形象具有非常重要的作用和意义。自 1986 年我国开始有目标、有计划、有组织地大规模扶贫以来，回顾历程，从扶贫重点来看，可分为两大阶段：

第一个阶段为 1986—2011 年，国家扶贫重点瞄准贫困县。1986 年，我国成立了专门扶贫机构——国务院贫困地区经济开发领导小组（1993 年改名为国务院扶贫开发领导小组），确定了扶贫方针，制定了划分贫困县的标准，并划定了 273 个国家级贫困县，标志着大规模扶贫的开始。1994 年，国家颁布实施了《国家八七扶贫攻坚计划（1994—2000 年）》，经过重新调整，国家级贫困县增至 592 个。2001 年，国家又实施了《中国农村扶贫开发纲要（2001—2010 年）》，取消了沿海发达地区的所有国家级贫困县，增加了中西部地区的贫困县数量，但总数不变，同时将“国家级贫困县”改为“国家扶贫开发工作重点县”。在我国扶贫历史上，确定国家扶贫开发工作重点县和贫困村并给予重点支持，是扶贫开发区域瞄准的主要方法，也是扶贫工作的成功经验。

第二个阶段为 2011 年至今，国家扶贫战略转变，重点支持集中连片特殊困难地区。2011 年 12 月，中共中央、国务院印发了《中国农村扶贫开发纲要（2011—2020 年）》，提出中央财政专项扶贫资金的新增部分主要用于连片特困地区，将六盘山区、秦巴山区、武陵山区、乌蒙山区、滇桂黔石漠化区、滇西边境山区、大兴安岭南麓山区、燕山—太行山区、吕梁山区、大别山区、罗霄山区等区域的连片特困地区和已明确实施特殊政策的西藏、四省藏区、新疆南疆三地州，作为扶贫攻坚主战场。以此为标志，我国扶贫开发工作进入新阶段。由此，国家民委和武陵山区、中央民族大学和怀化市连接了起来。

14 个集中连片特困地区基本覆盖了全国绝大部分贫困地区和深度贫困群体，一般的经济增长无法有效带动这些地区的发展，常规的扶贫手段难以奏效，扶贫开发任务异常艰巨。到 2020 年要实现全面建成小康社会的奋斗目标，让贫困人口和贫困地区同全国一道进入全面小康社会，重点在中西部集中连片特困地区。因此，必须强化手段，实施集中连片特困地区扶贫攻坚，区域发展带动扶贫攻坚，扶贫攻坚促进区域发展，把集中连片扶贫攻坚和跨省、跨地区合作协同发展结合起来。

### （三）国家民委牵头联系武陵山片区扶贫攻坚

2011年，国务院扶贫办、国家发展改革委制定实施了首个集中连片特困地区区域发展和扶贫攻坚规划——《武陵山片区区域发展与扶贫攻坚规划（2011—2020年）》，把武陵山片区作为“先行区”，率先启动区域发展与扶贫攻坚试点工作，为全国其他连片特困地区提供示范，确定国家民委为武陵山片区扶贫攻坚试点工作的联系单位，深入调查研究，加强沟通协调。

武陵山片区集革命老区、民族地区和贫困地区于一体，是跨省交界面大、少数民族聚集多、贫困人口分布广的连片特困地区，也是重要的经济协作区，跨湖北、湖南、重庆、贵州四省市，涉及11个地（市、州），包括71个县（市、区）。片区规划实施涉及行政区域范围广、行业部门多，为做好牵头联系各方工作，把“上面千根线”和“下面万根针”连接起来，拧成一股绳，国家民委加强顶层设计，建立了相应的领导体制和工作机制。

高位推动，成立专门领导机构。为了加强与有关部委及武陵山片区四省市之间的沟通协调，督促指导片区规划的实施，推动片区区域发展与扶贫攻坚试点工作的开展，国家民委牵头成立了武陵山片区区域发展与扶贫攻坚试点联系工作领导小组并设办公室，成员单位包括35个中央、国务院有关部门和四省市人民政府，明确了40位领导小组成员和相应的38位联络员，国家民委主任亲自担任领导小组组长，形成上下左右沟通协调的组织领导体制。

深入片区，派驻联络员队伍。2012年以来，国家民委每年从委机关、委属文化事业单位和高等院校选派77名优秀干部和专业技术人才驻片区四省市的71个武陵山片区县（市、区）和辖较多武陵山片区县（市、区）的6个地（市、州）担任联络员，挂任市、县两级党委常委和政府副职或党委政府下属部门副职，履行调查研究、沟通协调、反映情况的职责，并在四省市派驻联络员中各确定一名司局级干部担任总协调人。到2018年年底，共派驻联络员7批539人次，加强了片区与中央有关部委的联络沟通。同时，每年从片区四省市各抽调1名干部到国家民委挂职锻炼，协同做好片区规划落实工作。

上下联动，建立协调机制。国家民委每年组织有关部委和四省市人民政府召开联席会议或联络员工作会议，统筹规划片区发展与扶贫攻坚工作，组织开展调研，研究解决片区发展与扶贫攻坚遇到的困难和问题，协调衔接各部门对片区四省市的政策、资金、项目支持和帮扶，搭建工作联系平台，交流有关片区发展与扶贫工作的经验和做法，推进片区规划的实施。

出台政策，支持武陵山片区发展。国家民委联合国家开发银行、质检总局、原国家旅游局、全国工商联和四省市人民政府就推进武陵山片区发展和扶贫攻坚试点签订合作协议、出台指导意见、制定实施方案。专门出台推进武陵山片区创建民族团结进步示范区的实施意见。把支持片区发展与扶贫攻坚试点派驻联络员工作以制度的形式规范下来。加大对片区少数民族发展资金、干部培训、人才培养的支持力度。在经贸、科技、文化、教育、卫生、宣传等方面对片区进行大力帮扶。

### （四）中央民族大学定点派驻湖南省怀化市帮扶脱贫攻坚

湖南省7个地（市、州）的37个县（市、区）属于武陵山片区，超过片区总共71个县（市、区）的50%，而怀化12个县（市、区）又占湖南37个县（市、区）的1/3，是武陵山片区扶贫攻坚主战场的主阵地。按照国家民委的部署，中央民族大学选派联络员定点派驻武陵山片区怀化市及其12个县（市、区）。由此，中央民族大学与怀化结下了缘分，累积下了情谊。

着力谋划，大范围选派联络员。中央民族大学认真落实国家民委的安排和部署，高度重视联络员选派工作，在广泛动员基础上，从各部门、各院系精心抽调职称高、学历高、经验丰富、能力突出的不同专业干部和教师，由一位校级领导带领奔赴怀化，每年确定13名联络员派驻，深入开展调查研究和沟通协调。7年间，先后有7批74人派驻，有的派驻1年，有的派驻2年。第1批由校党委常委、副校长青觉带领12名处级干部派驻。第2、第3批由校党委常委、副书记刀波带领20名处级干部派驻。第4、第5批由校党委常委、副校长邹吉忠带领21名处级干部派驻。第6、第7批由校长助理吕家兴带领21名处级干部、教授、副教授派驻。

加大投入，多方式展开帮扶。中央民族大学累计投入专项资金和工作经费1860多万元支持武陵山片区怀化市发展和扶贫攻坚。对武陵山片区招收800多人进行人才培养。举办多种类型培训班为怀化培训干部和专业人才。投入科研经费对武陵山片区区域发展与扶贫攻坚问题进行研究。多次派出专家团队为怀化提供政策咨询、技术支持。派出学生支教团20余个支持怀化基础教育。在师资培养、科学研究、学生交流等方面对口支援怀化学院建设。捐款捐物资助怀化贫困学生。捐赠410台电脑支持怀化农村中小学教学。捐赠1500余册图书支持怀化市图书馆、民族乡图书室建设。通过联络员团队对怀化展开多层次、多领域、全方位帮扶，支持怀化经济社会发展。

## 二、 进入怀化脱贫攻坚主战场

在中央民族大学的高度重视下，在省、市、县党委和政府的大力支持下，在派驻校领导的坚强带领下，各批次联络员认真履行国家民委赋予的“三项职责”，着力完成“五项任务”，积极参与地方工作，取得了明显成效。

### （一） 担当多种工作重任

深入实地，广泛开展调查研究。围绕着《武陵山片区区域发展与扶贫攻坚规划（2011—2020年）》在怀化市的落地实施，联络员定期召开工作会议，着眼于产业、就业、基础设施、社会公共服务、农村生产生活条件、生态环境等规划内容，凝练出扶贫政策精准化、生态文明建设、旅游扶贫、民族工作机构设置等调研主题，明确调研任务，拟订调研计划，形成调研规范。沉下去，扑下身子，深入各县（市、区）、部门，深入乡镇、农村、社区、企业，深入田间地头、工厂车间，观察体会，深入访谈，对怀化发展和扶贫攻坚遇到的困难和问题，认真分析和研究，从体制机制创新和财政政策、税收政策、金融政策、投资政策、产业政策、土地政策等角度提出建议，通过定期工作简报，专题调研报告上报或工作推进会、座谈会汇报等方式反映给国家民委和其他中央有关部委以及省、市、县（市、区）党委政府，并总结提炼当地发展与扶贫攻坚的新经验、新做法、新模式，及时交流推广。

发挥专长，多角度助力帮扶。联络员发扬求真务实、真抓实干的精神，各尽所能，或把自己专业水平高的特点转化为服务地方的能力，或发掘桃李满天下的有利条件，或发挥过去行政管理经验比较丰富、人脉广的优势，千方百计想方设法为地方多做事、做好事，尽帮扶之力。联系国务院扶贫办、全国扶贫协会、国家民委、教育部、中国对外友协、国家外交学会等部门，为怀化发展与脱贫攻坚提供政策指导和支持。协调国家有关单位给予怀化项目、资金支持。联系国家新闻出版单位推介怀化生态文化，助推旅游扶贫。邀约知名专家对怀化产业发展提供技术指导、培训。作为高校老师，对怀化当地干部和人才进行专业培训。利用所掌握的前沿专业理论、方法和技术，针对怀化发展和扶贫所遇到的专业问题提供咨询，对当地产业提供技术支持。牵线搭桥，接洽大中型企业对怀化扶贫攻坚进行项目和资金帮扶，为贫困户就业提供帮助。

立足岗位，全方位参与党政工作。联络员同时也是挂职干部，不当客人当主人，全面、全程参与地方党委政府的重大决策、规划、组织、协调、落实、检查等一系列工作中，深入、深度做好分管或协管工作。参加地方党委常委会、政府常务会、人大常委会、重大工作推进会等系列会议，参与党政重大决策部署。参与制定规划、方案、文件，推动重大工作落实。向国家有关部委专题请示汇报，争取对怀化当地的支持。迎接上级部门领导到怀化当地检查评估和调研指导，展示当地成绩。开展扶贫、安全生产大检查、群众信访接待等工作，推动有关政策实施。协调重点项目的建设工作，推动重点项目的落实。参加培训、招商、赛事等重大活动，宣传推介怀化。作调研、讲党课、作报告，参与地方干部队伍建设。

## （二）取得多领域工作实效

发挥调研参谋作用。派驻联络员走遍怀化所有县（市、区），蹲点贫困村，完成大量调研报告，提交给国家民委和其他中央有关部委以及地方党委政府，支持领导重大决策，推动关键问题解决、具体政策制定、片区规划实施。其中，向国家民委提交70多篇调研报告，其中4篇调研报告得到全国政协副主席和国家民委领导批示，2篇由国家民委上报中共中央、国务院，1篇荣获国家民委社科研究优秀成果三等奖，多篇受到国家民委重视并采纳其中政策建议。向省政府提交的3篇调研报告通过《研究决策》《决策参考》公开发表。2篇调研报告在怀化市政府常务会上专题汇报，相关数据和建议被吸纳到政府文件中，总结的成功脱贫经验与模式在全市交流推广。

推动干部人才队伍建设。派驻联络员充分利用教育便利条件，发挥专业技术优势，通过一系列专业培训，指导提升怀化当地干部人才能力。利用设在中央民族大学的人力资源和社会保障部少数民族专业人才培训基地，为怀化开设非遗传承人、芦笙制作两个专题培训班。在市委党校县处级干部培训班上讲《领导干部需要哲学思维》专题党课。在市政府常务会议上就PPP项目进行专题讲解。为鹤城区干部开设《习近平新时代中国特色社会主义思想怎么看、怎么干》《公文写作的道与术》《新闻采访与写作》讲座。邀请学校的国务院环保部资深专家为芷江发展出谋划策。邀请学校专家对靖州苗族歌鼟文化进行指导。邀请学校的教育部基本教育教材委员会数学专业委员为辰溪县中小学数学教师开设讲座。邀请学校专家教授到有关县（市、区）开设民族宗教、特色产业开发和环境保护等专题讲座。邀请国内高水平专家对麻阳新闻工作者进行系统培训。邀请著名生态养殖专家到洪江市开展产业扶贫开发的业务指导培训。邀请北京365信息集团为怀化乡村学校校长、教师举办教育信息化培训班。邀请北京市专业培训机构在沅陵县举办中小学校长培训班。

引入资金项目落地。联络员注重发挥过去积累的管理经验优势、人脉资源优势或桃李满天下的资源优势，四方奔走协调，帮助地方争取累计达数十亿元的资金项目，为地方排忧解难，助力当地发展。

向中央部委争取到大力支持。通过向原副总理邹家华汇报，为溆浦县山背村争取到780万元防雷项目，时任副总理李克强签发至国家发展改革委立项实施。助力新晃侗族自治县获批财政部青少年活动场所改造补助资金80万元。助力会同县获批住建部国家传统村落保护项目财政专项资金900万元。协调原环保部将新晃县“龙脑樟资源获取与惠益分享项目示范点”纳入全球环境基金（GEF）批准的国家框架项目并获项目经费100万元。促成怀化市向国家发展改革委申报获批国家生态文明示范工程试点市项目。争取到国家民委将二酉苗族乡乌宿村列入第2批中国少数民族特色村寨名录并获300万元资金支持。促成了团中央向怀化市定向派遣研究生支教团项目。争取到团中央青基会将新晃县5所村小纳入团中央微小学建设项目示范校并获资助资金65万元。帮助辰溪县争取到634万元公路灾防工程项目。帮助怀化35个村解决基础设施、农业产业等方面缺口资金215万元。

向国家有关企业、单位争取到大量援助。协调中国电力投资集团将40多亿元的风能发电投资项目落户在怀化通道等县。联系北京有关企业向麻阳苗族自治县红十字会捐赠10万元。联系中国扶贫基金会为怀化寄宿制学校捐赠建设资金300万元。向中国教师发展基金会争取到1500万元财政经费支持怀化市中小学足球场建设。联系北京公益事业促进会为怀化市农村学校捐赠价值50万元的书籍3万册。联系北京10余家出版机构为怀化市图书馆、通道县、靖州县捐赠价值150多万元的图书。联系中央民族大学附中共美民族教育基金会先后资助当地贫困中学生26.2万元，向当地中小学捐赠电脑

50台、空调70台、投影仪10台，向贫困户捐资4000元。募集32.7万元资助残疾人学校建设、中小学计算机教室建设和课外读物购置。

向省内有关部门、企业争取到一些帮扶。累计向湖南省民宗委争取到156万元少数民族发展资金支持当地扶贫产业发展、少数民族特色村寨建设等。将湖南省民宗委为每位联络员专门安排的5万元少数民族发展资金用于当地建设。向省教育厅等部门争取到60万元项目资金用于会同县贫困村小学和公路建设。协调浙江新消经贸有限公司为中方县蒿吉坪学校无偿捐资近10万元。促成乔曼国际总投资1400万元的新晃侗族自治县竹柳基地项目。促成外商独资企业怀化市永鑫置业发展有限公司捐赠资金40万元修建沅陵县火场土家族乡九校大礼堂。部分为当地解决项目经费的数额不等资金物资，因涉及人员多、时间长，未在此一一列出。

除上述具体引入资金项目落地外，联络员还联系部分企业对当地进行大规模意向投资。联络员还协助当地实施大量PPP项目，合计引进投资近10亿元，缓解了当地发展资金困难。协助地方党委政府其他领导向上级争取项目资金。联系相关文化、教育、体育和出版单位为当地捐赠学习用品、体育器材、多媒体设备和图书。联系中央民族大学相关院系在当地建立大学生实习基地，开展大中小学生的学习帮扶活动。在中央民族大学开展为怀化留守儿童募捐活动。联系相关爱心人士长期结对资助当地贫困学生。联络员个人在工作过程中随时资助遇到的困难群众和贫困学生累计达近10万元。

提升生态文化影响力。派驻联络员争取到多个大型媒体宣传推介怀化，提高当地知名度，支持当地生态文化旅游产业发展。多方筹措100多万元资金拍摄的电影《湘恋日记》成功上映，宣传怀化秀美的自然风光、多彩的民族文化、淳厚的乡风民俗。争取到《人民日报》以《林下羊肥了，长寿游火了》为题宣传报道麻阳县生态建设成就，有近半个版面篇幅，创当地历史上第一次。争取到中央电视台10套首播栏目《文明的密码》为麻阳县制作并播放长达50分钟的《湘西苗家新风貌》，宣传麻阳县自然风貌、民风民俗和特色产业。联系《中国妇女报》宣传报道当地女企业家，支持扶贫产业。协调中央民族大学舞蹈学院 61 名师生参与通道县 60 周年县庆文艺演出、美术学院师生为会同县粟裕纪念馆义务作画 17 幅。

推动地方工作上台阶。联络员注重发挥对教育和有关专业领域比较精通、专业技术水平高的长处，发挥对专业技术工作追求完美、力求弄深弄透的劲头，在研究、推进和完善行业性规划、政策、项目时提出真知灼见，帮助地方工作上新台阶。探索金融产业扶贫工作，首创产业扶贫资金担保贷款，使麻阳县获批全省金融产业扶贫创新试点县。直接指导、参与抢救了多名危重病人的生命。募集 10 万元善款救助 53 名孤儿并进行心理辅导、学业辅导。联络员早出晚归的工作作风、精益求精的工作态度、严谨的思维方式和工作方法、精湛的专业技术不仅给地方带来了实实在在的工作成效，而且还对周围环境起到了很好的示范和导向作用，影响了一部分地方干部的工作作风和精神面貌。

## 三、 脱贫攻坚与防返贫机制建设的深度调研思考

在变化多样的脱贫攻坚主战场上，联络员瞄准怀化区域发展与扶贫难题，力图以专业的眼光、独特的视角审视、思考、分析，透过现象看本质，查找问题根源，给出有针对性的解决对策和政策建议，并基于生动的实践案例，探索防返贫长效机制建设。

### （一）聚焦集中连片特困地区区域发展难题，展开对策研究

精准施策改变区域趋势性贫困。在市场力量作用下，贫困地区人才、资金等要素加剧外流，不仅存在整体性区域贫困，而且地区生产总值占比等经济发展指标数值逐年下降，出现趋势性贫困问题。为破解这一问题，建议发挥党委政府的综合调控作用，注重精准扶贫政策的精准化，推动精准扶贫政策的公共化与差异化，实施金融扶贫政策激励，支持生态文化旅游业的发展。

“五力并发”决胜脱贫攻坚。怀化贫困面大、贫困程度深、扶贫脱贫

任务艰巨，存在区域贫困趋势。在脱贫攻坚中，创新体制机制，深度激发穷人的力量、能人的力量、市场的力量、组织的力量、政策的力量，形成扶智扶志扶贫济困的内力式脱贫、委托帮扶做强做大的借力式脱贫、“四跟四走”发展产业的聚力式脱贫、利益联结抱团发展的共赢式脱贫、精准施策合力攻坚的引领式脱贫模式和经验。建议将怀化市设为武陵山片区脱贫攻坚与区域发展的“都市特区”。

建设国家强队助力扶贫攻坚。国家民委派驻武陵山片区怀化联络员推动区域发展与扶贫攻坚取得一系列成果，积累了宝贵经验。为进一步发挥联络员的作用，建议完善配套政策，进一步实化、优化派驻联络员的职责任务，精准对接，更加充分地发挥“联络”作用，总结经验，提高联络员工作的专业化水平，支持联络员一线推动《规划》落地。

打造文化旅游名片牵动区域发展。怀化旅游资源丰富，既有优越的自然山水，又有厚重的历史文化，还有浓郁的民俗民风，但旅游产业“多”而“散”，缺乏整体性布局，没有形成鲜明突出的旅游主题。建议以“胜利名城 五彩怀化”为品牌和名片布局打造武陵山片区生态文化旅游产业，以规划引领勾勒名城愿景，以重点突破打造名城标杆，以基础配套夯实名城基石，以宣传推介彰显名城魅力。

## （二）探索防返贫长效机制建设，展开案例研究

坚持以十九大精神为引领，在分析脱贫攻坚情况、总结提升经验的基础上，经过深入研究分析，从理论和实证两个层面总结反思怀化各县市区防返贫机制建设，从中梳理、发现具有借鉴示范意义的“怀化经验”。

创新发展特色产业，构筑防返贫的物质基础。通道侗族自治县有着丰富的旅游资源，通过实施旅游发展战略、规划和政策措施，旅游收入对地方经济的贡献率逐年上升，旅游扶贫成为重要的扶贫模式。在旅游特色产业脱贫与防返贫上，形成了一系列经验做法，比如推进产业融合发展、能人带动群众获益、量化生产要素、构建共享旅游发展红利机制、壮大做实集体经济等，收到很好效果。

夯实基础教育，构筑阻断返贫的纵深防线。洪江市把推动教育均衡发展放在突出的位置，通过强化义务教育均衡发展责任、坚持教育经费优先安排、配足资源、完善奖励机制等措施，缩小了城乡之间、学校之间的发展差距，提升了基础教育的整体能力。针对教育经费不足、基础设施薄弱、教师队伍结构不尽合理等问题，采取加大教育经费投入、因地制宜鼓励特色办学、加强品牌名校分校区建设、建立城乡教师交流机制、完善教育改革评价机制等综合措施，提升教育质量。

推动基层党建创新，汇聚防返贫的牵动力量。芷江侗族自治县以“堡垒提升工程”增添号召力，以“思想引领工程”增添扶贫攻坚原动力，以“素质优化工程”增添发展行动力，以“创业先锋工程”增添攻坚力，探索出以党建为统领、以扶贫为落脚点的扶贫减贫新模式，通过“党建+产业”帮扶实现由“输血救济”向“造血自救”的转变，通过党员带动、共同致富构建系统的返贫防范体系，通过培育坚强的执行主体建设一支永不撤手的工作队伍。

探索组织创新，构建防返贫的长效机制。麻阳县产业扶贫资金非常有限，贫困户面临“贷款难、贷款贵”难题。针对这一问题，麻阳县实践“组织创新+扶贫”模式，发挥党政组织优势，激发体制内力量；搭建政银企农合作平台，激发社会的力量；激发贫困群众的力量；实施系统工程，夯实防返贫基础。由此形成发挥党委政府主导作用、尊重基层民间创新、组织优化各方资源、汇聚扶贫致富内在力量的防返贫长效机制。

开发“互联网+”新技术，形成防返贫的技术路线。洪江市充分开发利用现代信息技术，将信息流、物流与产业、产品、农户、农民等充分结合，夯实“互联网+产业”的经济基础，打造“媒体+电商”的扶贫电子商务网络，培育互联网产业带头人才，构建现代化扶贫信息管理网络体系，推动网创名牌，挖掘市场潜力。在成功实现脱贫后，面对政策性返贫风险、能力缺失性返贫压力、因灾返贫、各种约束性因素导致返贫的可能，洪江市总结了“互联网+”脱贫经验。继续发挥“互联网+管理”优势，建立健全返贫动态跟踪管理和返贫预警机制；坚持“互联网+产业”

做法，构建特色产业综合支持机制；充分运用“互联网+公共服务”经验，强化基础设施和公共服务供给机制；探索“互联网+教育”路径，构建贫困人口内生动力激活机制。

实施“大关爱+”铸牢防返贫的社会机制。新晃侗族自治县针对贫困人口发展能力较弱、特殊困难群体多、脱贫人口易返贫、非贫困村贫困户脱贫难度大等问题，精准识别，把全部弱势群体纳入“大关爱”范围。分类施策，优化提升弱势群体关爱方式；多措并举，全面保障“大关爱”政策顺利实施。实现了医疗救助、教育救助、就业帮扶、住房救助、困难救助全覆盖，在铸牢防返贫的社会机制上进行了有益探索。

推进主城区升级发展，发挥驱动区域防返贫的引擎作用。作为怀化市唯一的主城区，鹤城区在扶贫攻坚中起着引领示范带头作用，通过精心谋划实施“七大政策”、推进“九大工程”、整合资源资金等一系列举措，打赢了脱贫攻坚战。在此基础上，发挥武陵山片区区域中心和沪昆高铁经济带枢纽城区的区位优势，实施质量提升行动、风险管控行动、作风攻坚行动，不仅从旅游、异地搬迁、教育、健康等方面筑牢鹤城区防返贫的基础，而且在城区提质升级、产业发展、信息中心与市场中心建设等方面加大力度，牵动怀化市、湘西部、武陵山防返贫能力的提升。

## 四、 在脱贫攻坚中历练成长

国家民委派驻武陵山片区联系工作，使联络员在深入基层、扶贫攻坚的工作中，磨炼造就了人生品格，锻炼提升了工作能力，开阔拓展了工作视野，深化丰富了思想认识。

### （一） 锤炼战胜困难的品格

联络员长期在北京工作生活，且大部分来自北方，到南方山区派驻工作，面临着语言、饮食习惯、衣着住行、生活环境、气候条件的重大转变，面临着开展工作的重大挑战，面临着身体、家庭等困难的重大考验。

联络员严格要求自己，克服一切困难，弘扬艰苦奋斗的作风，全力投身于地方脱贫攻坚战中。有的顾不上家中年迈体弱的父母，有的顾不上年幼上学的孩子，有的顾不上生病住院的亲人。有的将家中无人照看的老人接到身边一同“派驻挂职”。有的两次三年派驻，将生病的爱人从北京接到地方医院住院，仅早晚探视照顾。有的工作中遇险受伤，瞒着家人稍事治疗后又开始工作。有的受伤、生病，依然坚持工作。有的因清真餐饮无处可寻常常忍饿工作，或在下乡调研中自己背着餐具做饭，成为远近闻名的“背锅县长”。有的自己贴钱解决工作生活中遇到的困难，甚至个人租房住。有的出去联系工作、争取项目，自掏腰包安排交通、就餐招待等事宜。经历这些磨炼，联络员进一步增强了吃苦耐劳的意志、战胜困难的毅力，锤炼了终身受益的可贵品格。

### （二）提升善于打硬仗的能力

联络员长期在高校从事教学、科研、管理工作，被派驻到地方时，周围有一些人对联络员持欢迎态度，也有一些人将信将疑，甚至否定、冷眼对待。面对复杂的形势，联络员吃透要求，吃透政策，吃透情况，转变角色，扑下身子，参与到地方千头万绪的工作中。尤其是扎根乡村开展一遍又一遍的入户调研，到县、乡、村一遍又一遍地走访考察，天天日晒雨淋。有些人干的是少数地方干部都不愿意干的事情，有些人干的是地方干部顾不上、不易做的事情。不少人不仅完成了组织交给的任务，还能够抓住重点、抓住主流，提出优化方案，甚至提前谋划，抢占制高点，扎扎实实为地方办了一些实事、办了一些好事，得到地方干部的高度认可和肯定，塑造和维护了中央民族大学的一流形象。通过派驻挂职锻炼，联络员不仅积累了宝贵的地方党委政府工作经验，还丰富了阅历，开阔了视野，拓展了思维，培养了敏锐的洞察力，形成了一系列行之有效的工作方法；不仅提升了应对复杂局面的能力、善于打硬仗的能力，也提升了决策能力、组织能力、协调能力，为以后的工作和学习奠定了良好的基础。

### （三）开拓思想认识新境界

在派驻挂职工作中，联络员坚持向书本学习、向实践学习、向榜样学习，学中干、干中学。通过多听、多看、多思、多干，对基层的情况有了深入了解，对优秀地方干部坚决果断、迅速处置各类问题的作风和工作方式有了深刻体会，对地方工作的紧迫性、时效性有了深刻感受，对社情、民情以及有关问题的复杂性、敏感性有了深刻认识，更加注重调查研究。在深入一线扶贫攻坚的过程中，联络员理论联系实际，学用结合，将丰富的专业理论知识、积累的工作经验应用到实践中，极大地增强了发现问题、分析问题、解决问题的宽度和深度，对高校教学、科研、管理工作产生了新的认识，更加注重实践。在实施精准扶贫精准脱贫方略的过程中，对习近平新时代中国特色社会主义思想产生了新的理解，更加注重思想和方法引领。在派驻的孤独寂寞中，读书写作，体悟人生，升华了思想境界。

2012 年以来，国家民委派驻武陵山片区联络员开展区域发展与扶贫攻坚工作，有效连接了行政分散、交界面大的集中连片特困地区和中央各部委，有力落实了党的十八大、十九大精神和习近平新时代中国特色社会主义思想，推进了党和国家扶贫战略与规划、精准扶贫精准脱贫方略的实施，推进了贫困地区经济社会发展，推进了地方脱贫攻坚战进程，促进了民族团结进步事业，促进了干部人才队伍培养锻炼，成为治国理政的典型组织创新，成为扶贫攻坚的崭新范式。

# 上篇

# 破解集中连片特困地区区域发展难题的对策研究

# 第一章　改变区域性的趋势性贫困：精准扶贫政策的精准化

党中央高度重视扶贫开发工作。习近平总书记在十八届五中全会上提出了“农村贫困人口实现脱贫，贫困县全部摘帽，解决区域性整体贫困”的战略任务。在随后召开的中央扶贫开发工作会议上，习近平总书记强调，消除贫困是我们党的“重要使命”和“庄严承诺”，“我们要立下愚公移山志，坚决打赢脱贫攻坚战，确保到2020年所有贫困地区和贫困人口一道迈入全面小康社会”。坚持精准扶贫、精准脱贫，关键是要在精准施策上出实招、在精准推进上下实功、在精准落地上见实效。这为贫困地区的区域发展和扶贫攻坚指明了方向、坚定了斗志、厘清了路径。

2011年，国务院出台《武陵山片区区域发展与扶贫攻坚规划（2011—2020年）》，启动了首个集中连片特困地区的扶贫攻坚试点工作。2012年起，国家民委每年向武陵山片区所属市（州）县（市、区）派出77名司、处级领导干部，作为派驻联络员和地方挂职干部，专门推进这项工作。

本书编写组在国家民委派驻武陵山片区联络员，特别是中央民族大学派驻湖南省怀化市联络员工作的基础上，组织怀化各级干部，深入系统开展调研。通过调研，编写组一方面真切地感到武陵山片区扶贫工作“攻城拔寨”的成效初显，后期克难攻坚任务更艰、难度更大；另一方面清醒地认识到集中连片特困地区的扶贫工作如同一件“让水往高处流”的工作，十分艰难，十分较劲，是我们党在人类历史上的伟大创举。虽然最终要靠贫困群众自己努力，要靠各级领导干部顽强的工作作风和拼劲，但同时必须靠精准的政策支持，必须有精准扶贫政策的精准化。

贫困地区何以贫困？除地处偏远、基础薄弱等客观原因外，最重要的是缺资金、缺人才、缺产业。人往高处走，怀化虽然是贫困地区，但基础教育质量好。高考把当地最优秀的年轻人“掐”走一批，外出打工再抽走一批，造成了当地发展的人才亏空和优质劳动力匮乏。同时，因缺乏大型项目和优势产业以吸引、留住人才，地区发展乏力、陷入贫困。

扶贫工作为何那么难？在市场力量的推动下，人才、资金等要素加剧外流，使得贫困地区与发达地区的发展差距越拉越大，甚至出现了十八届五中全会讲到的“区域性整体贫困”现象。以怀化市为例，其地区生产总值在湖南省的占比在20世纪80年代是7%左右，20世纪90年代为6%左右，21世纪头10年为5%左右，2010年以后为4%多（见图1-1、表1-1）。这是一种贫困地区的“区域性的趋势性贫困”。

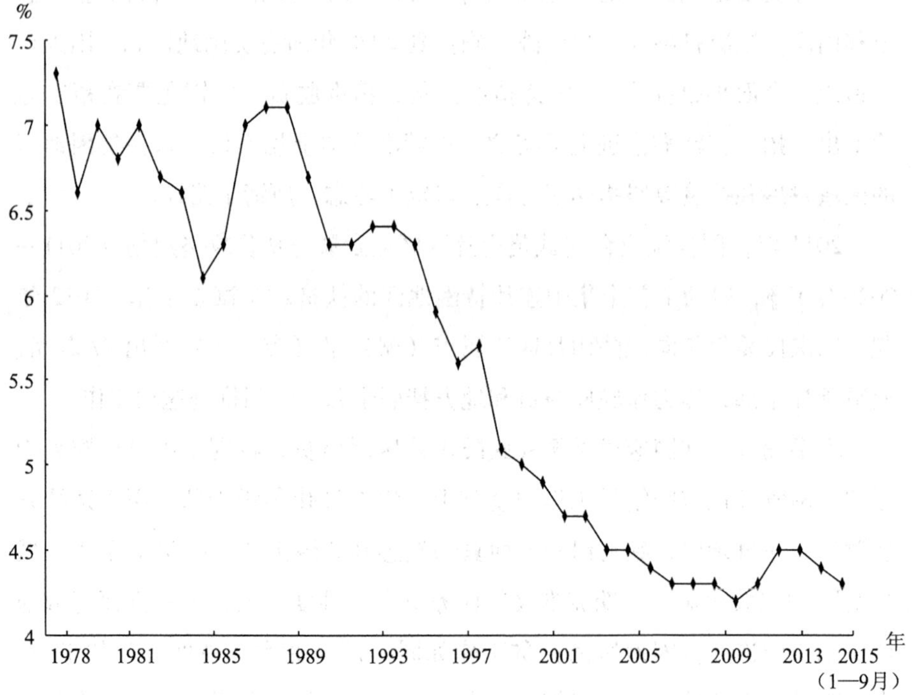


**图1-1　怀化市地区生产总值在湖南省占比变化情况**

**表 1-1 怀化市地区生产总值在湖南省占比变化情况**

| 年份 | 怀化市地区生产总值（亿元） | 湖南省地区生产总值（亿元） | 怀化市地区生产总值在湖南省中的占比（%） |
|---|---|---|---|
| 1978 | 10. 8 | 147. 0 | 7. 3 |
| 1979 | 11. 8 | 178. 0 | 6. 6 |
| 1980 | 13. 3 | 191. 7 | 7. 0 |
| 1981 | 14. 3 | 209. 7 | 6. 8 |
| 1982 | 16. 2 | 232. 5 | 7. 0 |
| 1983 | 17. 3 | 257. 4 | 6. 7 |
| 1984 | 19. 1 | 287. 3 | 6. 6 |
| 1985 | 21. 2 | 349. 9 | 6. 1 |
| 1986 | 25. 3 | 397. 7 | 6. 3 |
| 1987 | 32. 8 | 469. 4 | 7. 0 |
| 1988 | 41. 5 | 584. 1 | 7. 1 |
| 1989 | 45. 5 | 640. 8 | 7. 1 |
| 1990 | 49. 8 | 744. 4 | 6. 7 |
| 1991 | 52. 3 | 833. 3 | 6. 3 |
| 1992 | 62. 4 | 987. 0 | 6. 3 |
| 1993 | 79. 7 | 1244. 7 | 6. 4 |
| 1994 | 106. 4 | 1650. 1 | 6. 4 |
| 1995 | 134. 9 | 2132. 1 | 6. 3 |
| 1996 | 151. 0 | 2540. 1 | 5. 9 |
| 1997 | 160. 1 | 2849. 3 | 5. 6 |
| 1998 | 171. 3 | 3025. 5 | 5. 7 |
| 1999 | 174. 4 | 3406. 7 | 5. 1 |
| 2000 | 184. 6 | 3691. 9 | 5. 0 |
| 2001 | 194. 8 | 3983. 0 | 4. 9 |
| 2002 | 203. 5 | 4340. 9 | 4. 7 |
| 2003 | 216. 4 | 4633. 7 | 4. 7 |
| 2004 | 251. 1 | 5612. 3 | 4. 5 |
| 2005 | 289. 2 | 6473. 6 | 4. 5 |
| 2006 | 338. 8 | 7688. 7 | 4. 4 |
| 2007 | 407. 8 | 9439. 6 | 4. 3 |

续表

| 年份 | 怀化市地区生产总值（亿元） | 湖南省地区生产总值（亿元） | 怀化市地区生产总值在湖南省中的占比（%） |
|---|---|---|---|
| 2008 | 500.0 | 11555.0 | 4.3 |
| 2009 | 559.5 | 13059.7 | 4.3 |
| 2010 | 674.9 | 16038.0 | 4.2 |
| 2011 | 845.6 | 19669.6 | 4.3 |
| 2012 | 1001.1 | 22154.2 | 4.5 |
| 2013 | 1110.6 | 24621.7 | 4.5 |
| 2014 | 1181.0 | 27048.5 | 4.4 |
| 2015（1—9月） | 871.4 | 20250.5 | 4.3 |

要“让水往高处流”、从根本上遏制和扭转趋势性贫困，就必须使精准扶贫政策精准化。精准扶贫的核心要义是习近平总书记讲的“切实有效”。有效才谈得上精准。如何实现习近平总书记提出的“脱贫成效要精准”“解决区域性整体贫困”的目标？关键是造一台“政策抽水泵”，推动精准扶贫政策的精准化。对此，编写组提出如下三点政策建议。

## 一、开辟一条“优惠政策绿色通道”：推动精准扶贫政策的公共化与差异化

### （一）抬高政策底

推动集中连片特困地区内区域发展与扶贫攻坚政策的公共化和最优化。集中连片特困地区，大多跨多个省（区、市）于一片，集革命老区、民族地区和贫困地区于一体，其自然条件、发展水平、贫困状况、民族聚居、历史文化等区域特征相同或相似，但区域内实施的政策却有中部与西部之分、民族自治地方与非民族自治地方之别。政策“五花八门”、落差较大，致使同一片土地上得到的政策支持差异大、阳光雨露不均，影响了片区整体的协调发展。建议将集中连片特困地区内的相关市县整体纳入西

部大开发政策范围，使业已行之有效的优惠政策普惠化、最优化。比如，统一按照西部地区标准，确定武陵山片区内所有市县享受同样的中央财政均衡性转移支付、民族转移支付、县级财政基本财力保障资金、扶贫专项资金、税收等优惠政策；中央和省级项目取消市县级财政配套。

### （二）扩大受益面

差异化精准施策，实现扶贫优惠政策的最大化。制定相应政策，使片区内非民族自治地区的少数民族人群，享受到与民族自治地方少数民族一样的民族优惠政策，让少数民族人人享受到党的民族政策。因为在调研中编写组发现，不在民族地区的贫困地区的少数民族有时更容易出问题，因为他们不仅会与民族地区的同一民族去比，还会与本地区的其他民族去比，更能直观地感到差距、产生心理失衡。采取差异化精准施策，扶持具有不同优势资源的地区形成自身的优势产业，推动片区内不同地区将经济社会发展的相对优势转变为具有核心竞争力的绝对优势，带动周边区域共同发展。如出台整套政策，支持怀化建设“生态中心城市”；优化和完善配套政策，支持片区内油茶、中药材、果蔬等特色农业及加工制造业，推动产业扶贫升级。

### （三）增加政策投放

大力创新精准扶贫政策，牵动扶贫开发政策系统化、链条化。探索实行“区域扶强”政策，按生态、国防等贡献和发挥带动作用潜力，精准施策，培育武陵山片区中心城市，以形成片区区域发展新的增长极，发挥其对片区发展的整体带动作用。考虑到怀化是武陵山片区内人口最多、面积最大、交通最发达、产能最强、基础最好、生态资源最丰富的城市，同时考虑到怀化周边300千米范围内没有大城市的情况，建议国家创新政策，支持怀化的大型中心城市建设，探索区域发展带动连片扶贫开发、跨省协同发展的新路子。

## 二、挖出一条“资金引水渠”：金融扶贫的政策激励

金融扶贫需要政策激励。集中连片特困地区的发展离不开金融的浇灌。金融扶贫既是筹措扶贫资金的必然选择，又是一个难以实现的问题和悖论。突出体现为金融扶贫不得不面对农村组织化程度不高、农业产业化水平不高、农户信用度不高的问题，不得不面对农村金融成本高、收益低、风险大、服务不足的问题，不得不面对农村贷款难、抵押难、担保难、资产变现难的问题，不得不面对金融机构在农村往往不是贷款给农民而是吸纳农民存款流向城市的问题。破解金融扶贫悖论，必须有相应的政策激励，挖出一条“资金引水渠”，才能调动金融机构、地方政府、承贷主体的积极性和创造性。

成立国家金融扶贫开发银行，设立金融扶贫和绿色发展专项基金，推动金融扶贫和生态保护。工行、建行、农行等商业性金融机构因以营利为目的，对小额分散的农村金融信贷动力不足、兴趣不大。作为政策性银行的国开行、农发行往往只乐于做政府性贷款业务，少有直接面向农民的贷款业务，对解决农村贷款难题作用不大。有鉴于此，建议成立“国家金融扶贫开发银行”，专职从事金融扶贫，既做贫困地区基础设施政策性贷款，又做农业企业与经济合作组织市场类贷款，还做农户小额特惠类贷款。设立“金融扶贫专项基金”，让政府给从事扶贫贷款的商业性金融机构提供风险兜底，解决商业银行在市场化运作中因“嫌贫爱富”而不愿放贷给困难群体的顽疾。支持建立扶贫贷款全额贴息制度，实现“应贴尽贴”，确保惠民贷款政策按扶贫需要全面落实。支持建立扶贫贷款风险防控制度，科学合理制定贫困农户因遭遇各类自然灾害无力偿贷的减免细则。支持建立政策性扶贫融资担保机构，为贫困农户、扶贫开发项目、扶贫产业提供必要的融资担保。在从事金融扶贫的银行中设立“绿色发展基金”，促进绿色生态产业的发展和生态环境保护。

优化财政资金投放机制，增强财政资金对金融资本的引导和撬动作用。建立农业政策性保险机制，鼓励信贷农户投保政策性农业保险和商业性农业保险。建立县级财政预算的农村金融风险防控机制，降低金融机构发放贷款的风险损失。完善小额财政贴息贷款政策，支持农民工返乡创业和大学生村官创业。推广金融扶贫的怀化市“麻阳经验”，依托基层政府的公共服务体系，构建“金融机构+农村金融服务中心（站）+农户”的金融联结，降低金融扶贫的成本。针对贫困地区涉农贷款风险大、运营成本高的难题，积极探索贷款利率市场化定价机制，允许金融机构根据借款主体信用等级、经营状况等情况在基准利率基础上合理确定贷款利率。

优化地方政府与金融机构考评机制，解除金融机构和政府部门领导干部的后顾之忧。加快金融扶贫立法，明确金融扶贫的地位，规范金融机构、政府部门、农村基层组织、扶贫经济组织的金融扶贫行为，明确不同利益主体之间的权利义务关系，强化对金融扶贫的责任约束、风险防控和利益保障，调动金融扶贫各方主体的积极性与创造性。支持金融机构扶贫贷款指标计划单列、优先满足，并适度提高不良贷款容忍度，单独考核。

## 三、修建一条“脱贫高速路”：强力支持生态文化旅游业的发展

发展生态文化旅游业，是改变集中连片特困地区趋势性贫困的“脱贫高速路”。国家颁布《武陵山片区区域发展与扶贫攻坚规划（2011—2020年）》已多年，但实施效果不理想，未能形成系统而有效的政策支持，使片区各地因缺少足够投入而限制了基础设施建设，因缺少牵动性主导产业而导致区域发展乏力，因缺少有效的生态补偿机制而制约了经济社会发展。改变这一状况，需要修建一条支撑片区发展、扭转贫困趋势的“高速路”。综合考虑片区资源状况以及国家消费升级、旅游逐渐成为人们生活必选项的大趋势，建议将生态文化旅游业确定为牵动区域发展与扶贫攻坚的“高速路”，让贫困地区保存完好的千年文明、万年生态穿越时空，走

进现代生活，同时促进发达地区的消费进入贫困地区、带动区域发展，实现邓小平同志提出的“先富带动后富”。

建立专项基金和动态投入机制，用修建高速路的办法发展集中连片特困地区生态文化旅游业。武陵山片区有极为丰富的生态文化旅游资源和巨大的旅游开发价值，但发展旅游业需要持续、巨大的投入。钱从哪里来？鉴于旅游业与高速路一样具有产业链长、系统性强、动态复杂的特征，建议国家采取不与地方财政挂钩、全额投入修建高速路的办法，探索建立生态文化旅游资源富集区的旅游业投入机制，支持生态文化旅游业发展，并以此牵动相关产业升级、产城融合、扶贫攻坚、文化传承与生态保护。

在武陵山片区，怀化市的鹤中洪芷盆地是武陵山片区最大的浅丘盆地，怀化市是方圆350千米最大的中心城市，也是片区内唯一具备建成超百万人口大城市的区位空间、交通条件和资源承载力的城市。怀化是老少边穷地区，经济落后；是生态文化资源富集区，优势明显；还是国家重点生态功能区、国防军事禁区，政策上限制开发。这三个方面造成了怀化资源优势明显与经济发展落后的巨大反差，形成了令人吃惊的“富饶的贫困”。

要变“绿水青山”的资源优势为“金山银山”的发展优势，要用“绿水青山”保卫国家的国防安全、生态安全，要打造出驱动武陵山片区发展的发动机，把生态文化旅游业作为牵动性支柱产业是必然选择，也是最优选择。为此，建议国家把怀化确定为武陵山片区生态文化旅游业“脱贫高速路”建设的试点城市，全力给予财政支持，探索集中连片特困地区区域发展与扶贫攻坚的新模式。经费上，考虑到支出成本差异、区域发展落后、国防生态贡献三个因素，建议按先是全国人均财政支出的2/3，然后逐步达到全国人均财政支出平均数的办法确定国家对怀化的转移支付额度（见附录）。增加部分专项资金（每年100亿~300亿元），专门用于支持生态文化旅游业发展，打造“胜利名城 五彩怀化”旅游品牌，建设中国休闲度假养生旅游名城，同时将怀化建成距离张家界、梵净山、桂林、衡山、韶山等著名景区2小时内的中转站和“会客厅”，牵动大区域旅游业协同发展。

## 附录：

## 按生态功能效益或人均财政支出确定国家转移支付额度

按生态功能效益值计算和确定国家对怀化转移支付额度，可分10年投入怀化生态文化旅游业“脱贫高速路”建设。怀化市面积为2.76万平方千米，林地面积为3046万亩，占总面积的73.68%，森林覆盖率为70.83%，活立木蓄积量为7699万平方米，是长江中上游重要生态屏障和水源涵养区，全境属于全国生态良好区。根据国家《森林资源规划设计调查技术规程》（GB/T 26424-2010）和《湖南省森林资源规划设计调查技术规定》（2013年），湖南省组织完成了2014年森林资源调查统计，测出怀化市森林生态效益值为1876.2亿元。其中，森林吸收二氧化碳14836.4万吨，效益价值为414.3亿元；释放氧气9839.7万吨，效益价值为1003.7亿元；储能13729.5亿兆焦，效益价值为127.7亿元；蓄水76.2亿立方米，效益价值为68.8亿元；减少水土流失7705.9万吨，效益价值为184.8亿元；保肥量40.1万吨，效益价值为76.9亿元。作为补偿，国家可分10年，每年约190亿元，投入怀化生态文化旅游业“脱贫高速路”建设。

按全国人均财政支出核算和确定国家对怀化转移支付额度，可将增加部分用于怀化生态文化旅游业“脱贫高速路”建设。以2014年为例，全国一般公共财政支出15.16万亿元（含中央本级支出2.25万亿元，地方财政支出12.91万亿元），总人口为13.67亿人，人均一般公共财政支出11089.97元。怀化市一般公共财政支出280.64亿元，人口525.50万人，人均5340.44元。按达到全国人均水平计算，怀化市一般公共财政支出应为582.78亿元，应增加302.14亿元；按达到全国人均水平的2/3计算，怀化市一般公共财政支出应为388.52亿元，应增加107.88亿元。增加的100亿~300亿元用于怀化生态文化旅游业“脱贫高速路”建设。

综合以上两种办法，建议国家每年投入200亿元，解决建设怀化生态文化旅游业“脱贫高速路”的资金问题。

# 第二章　“五力并发”决胜脱贫攻坚：精准扶贫政策精准化的怀化实践

怀化市是武陵山片区城市面积最大、人口最多、交通最发达、生态文化资源最丰富的中心城市，也是湖南省和武陵山片区脱贫攻坚的主战场。国务院2011年颁布实施《武陵山片区区域发展与扶贫攻坚规划（2011—2020年）》以来，特别是习近平总书记2013年11月在湖南考察时提出“精准扶贫”和2015年11月在中央扶贫开发工作会议上提出“打赢脱贫攻坚战”以来，怀化市委、市政府和广大干部群众开拓创新，乘势而为，走出了一条区域发展与脱贫攻坚的怀化之路，探索出“五力并发”决胜脱贫攻坚的怀化经验。

## 一、怀化之难：大发展背后的趋势性贫困

怀化作为“全楚咽喉”“黔滇门户”，自古是连接东西、贯通南北的战略要地，现代是红军长征重要转折点和中国抗日战争胜利受降地，中华人民共和国成立后是国家“三线建设”的战略支点城市，成为打通东西南北交通的重要枢纽和“火车拖来的城市”。

进入改革开放的新时期，怀化借助其区位与交通优势、资源与产业优势、创业精神与人力优势，主城区从9万人口的小城市，发展到现在62万人口的区域性中心城市，从一个处在湘鄂渝黔桂五省（市）之间的边城，发展为片区内航空、高铁、高速、航运“四位一体”的立体交通枢纽城市。全市地区生产总值由1978年的10.78亿元增加到2016年的1372亿

元，38年增长127倍；财政收入由1978年的1.17亿元增长到2016年的122.9亿元，38年增长105倍。经济总量和社会发展发生了翻天覆地的变化。

近年来，怀化更是进入超常发展时期。2016年1—10月，地区生产总值、财政收入、居民人均可支配收入3项关键发展指标的增速均跃居湖南省前3位。怀化市2015年以来在湖南省市州的基层党建考核、脱贫攻坚考核、综治民调中均排名第1。怀化发展已进入快车道。

在怀化大发展背后，隐藏的是怀化之难。以怀化市地区生产总值在湖南省占比的变化为例，20世纪80年代为7%左右，20世纪90年代为6%左右，21世纪头10年为5%左右，2011年后为4%多一点，其他经济发展指标均存在类似情况。这是一种“区域的趋势性贫困”。这也是怀化贫困面大、贫困度深、扶贫脱贫任务艰巨的根本原因，进而导致其产业基础薄弱、人才资源不足、综合配套服务能力差。

## 二、“五力并发”脱贫：克难攻坚的怀化经验

在这种“区域的趋势性贫困”背景和各种难题交织的状况下开展扶贫脱贫工作，就是在做让水往高处流、滚石上山的工作。但怀化市委、市政府没被困难吓倒，未在难题面前止步，而是咬住脱贫攻难克艰，越战越勇，“悠悠万事，脱贫惟大”，创新体制机制，创造套路招式，深度激发五种力量（穷人的力量、能人的力量、市场的力量、组织的力量、政策的力量），探索出“‘五力并发’决胜脱贫攻坚、拉动区域发展”的怀化经验。

### （一）扶智扶志扶贫济困的内力式脱贫：深度激发穷人的力量

怀化交通便利、物产丰富、生态良好、文化深厚，为什么还成了贫困地区？为什么还有超过90万的建档立卡贫困人口？因为一部分群众觉得日子好过、小日子不错，因而安贫乐道，不思进取，缺乏奋斗、进取之志；一部分有志改变现状者，因为受教育程度不高，缺乏必要的技能和手艺而

脱贫致富无门；也有部分有志有能者，因缺乏资金与条件而难以脱贫；还有个别人因病、因学而陷入困境。针对这些原因和情况，怀化市委、市政府把创新机制、创造条件激发贫困群众的内生动力，作为脱贫攻坚的首要工作，取得了实效。

大关爱，扶志励志自立脱贫。致贫首因无志，扶贫先当扶志。为扶志励志，激发贫困群众脱贫致富的志气和信心，怀化市探索出一套“求助有门、帮扶有章、关爱有效”的社会关爱工作体系。比如在怀化市新晃侗族自治县，一些贫困户常到村里找干部要低保，要几十元钱的补助，等着国家政策来救助，“等靠要”成为脱贫最大的“顽疾”，甚至连村“两委”班子也缺乏带领群众脱贫致富的志气和信心。针对这些情况，该县在全面调研基础上，探索实施大关爱制度，确立了“扶贫先扶志、脱贫先励志”的工作目标。一方面，抓村支“两委”，通过基层组织建设与合乡并村改革，着重选配有带领群众脱贫致富的斗志、决心、信心的党员、干部，优化村支“两委”班子的战斗力和带动力；另一方面，出台激发贫困群众立志自立的细化措施，发挥村支“两委”及党员干部的带动作用，在整合国家现有政策基础上再追加3000万元专项资金支持帮助21类困难群体，激励他们积极创业、主动脱贫。“人心齐，泰山移。”大关爱制度在怀化的实施，使贫困群众树立了斗志和信心，增强了脱贫致富的希望和决心，营造出心齐、气顺、风正、劲足的良好状态，成为脱贫攻坚的最强动力。

大培训，扶智益技自力脱贫。“授人以鱼不如授人以渔，给贫困户发钱不如教会他们如何赚钱。”怀化市在大力支持发展学历教育的同时，构建起包括职教院校的就业教育、电大的创业培训、社会经济组织的技能培训的大培训体系，扶智益技，自力脱贫。比如，怀化市芷江侗族自治县，加强乡土人才队伍建设，构建县、乡镇、村三级乡土人才资源信息库和管培工作平台。一方面，完善管理机制、加大培育力度、搭建成长平台，每年投入100万元引导资金，整合人社、农业、林业、畜牧、教育、扶贫等部门资源，依托职教机构、乡镇夜校、电大远程教育，对乡土人才进行多层次、全方位、菜单式培训，构建起以1000名农民技术员为核心、2000

名乡土人才为主体、能辐射10万个贫困户的土专家工作体系；另一方面，为土专家搭建传播技能、发挥作用的工作平台，探索建立银行信贷、社会投资、农民自筹等农村创业投资机制，组织各类土专家与贫困群众结成帮扶对子，扶持他们成立各种专业合作社，将技能扩散到所有贫困户，同时按照“培训一人、安置一人、稳定一人、脱贫一户”的思路，采取技术再教育、技能再培训等后续跟踪服务，持续提升贫困群众的自主脱贫致富能力，让他们搭上致富“便车”。

大帮扶，扶贫给力自主脱贫。大贫困，需要大支持；大支持，重在多措并举。怀化市在落实习近平总书记“六个精准”“五个一批”的过程中，强推“十大到村到户行动”，构建脱贫攻坚条件支持体系。比如，抓住国家大力推进“易地搬迁脱贫”政策机遇，一方面实施“贫困户安居工程”，将易地扶贫搬迁与地质灾害搬迁、水库移民搬迁、农村危房改造、小城镇建设、生态保护、美丽乡村建设、旅游景区开发有机结合起来，采取统规统建、统规自建、分散自建、购房安置4种模式，统一户型外观，凸显民族元素，因地制宜选择建房模式，为贫困群众建好房，使贫困群众安好居；另一方面搭建“贫困户乐业平台”，充分整合各类资源，疏浚多种就业创业渠道，支持搬迁群众后续脱贫，保障贫困户“搬得下、稳得住、融得进、能致富”。2016年完成易地扶贫搬迁5988户23474人，2017年完成7万人左右的搬迁与脱贫工作任务，强力牵动了脱贫攻坚。

大托底，扶危济困免于困境。扶危济困，重在立行。对那些因病、因学、因灾、因残等致贫或返贫的群众来说，特殊救助就是“及时雨”和“雪中炭”。为织密兜底救助安全网，使无法自力脱贫的特困群众稳定脱贫，怀化市构建起了一道扶危济困大托底的安全屏障。比如怀化市洪江管理区，到2014年尚有贫困村8个、建档立卡贫困户1618户、贫困人口4091人，贫困发生率20.1%。针对贫困户就业、社保、子女上学、住房等问题，该区在落实扶贫线和低保线“两线融合”的过程中，在国家兜底政策尚未到位的情况下，专门安排资金对低保贫困户实行每人每月260元的低保兜底保障，全年为680户859名低保贫困对象发放兜底保障资金

95.13万元，实现“应兜尽兜”，并将贫困人口门诊和县级以上住院报销费用提高10%，将新农合大病保险起付线降低50%，提高农村24种重大疾病的救治保障工作。2016年所有建档立卡贫困户全部脱贫，8个贫困村全部出列，在湖南省率先实现整体脱贫目标。

### （二）委托帮扶做强做大的借力式脱贫：大力激发能人的力量

陷入贫困，冰冻三尺非一日之寒；而要打破坚冰、摆脱贫困，须有强大助力。如何借助能人富人从无到有、从小到大、从穷到富的成功经验，带动大众脱贫、万众致富，是脱贫攻坚的重要途径。怀化干部在这方面不断探索创新，形成了不少好经验。

1. 委托式扶贫：委托致富能人带动贫困群众脱贫

委托式扶贫，是怀化市创造的鲜活经验。采取贫困对象个人或集体委托、政府购买扶贫社会服务的方式，将政府专用于贫困人口的产业扶持资金和贫困户所有的土地经营权、财产权、资产权等，委托给致富能人和扶贫经济组织来经营。在保证按期脱贫的前提下，科学合理确定贫困群众与致富能人、扶贫经济组织的责权利关系、收益分成比例，结成利益联结体。由致富能人或扶贫经济组织统一开发、统一管理、统一经营、统一核算，做强做大产业，实现可持续、有保障的集体脱贫。比如怀化市会同县，以3个乡镇16个村1427户4962名贫困群众为受益主体，委托湖南省宝田茶业有限公司，组建专业合作社，开发建设标准化有机茶园2000亩，进行统一管理、经营和销售，在保障贫困户脱贫前提下，贫困农户、合作社、茶业公司、贫困村按一定比例进行收益分配。这集中、有效地使用了扶贫资金，扶持培育了特色产业，有效破解了农业生产管理效益低、市场风险大的“老大难”问题，为农业产业现代化提供了借鉴。

2. 企业家带动：引进土生土长企业家带动片区脱贫

怀化市溆浦县统溪河镇、横板桥镇的不少村落，地处雪峰山深处，美景与贫瘠并存，农民与致富无缘。借助沪昆高铁开通的东风，溆浦县引进本土企业家陈黎明回乡创业，开发雪峰山优质旅游资源，创新了农民以自家古宅房屋、山林土地等资源入股成为公司股东的办法，创立湖南雪峰山生态文化旅游有限责任公司，探索形成“雪峰山扶贫模式”。一是劳务式脱贫。景区基建吸纳劳动力。通过开发4大生态旅游景区，吸纳景区内1500余人务工，其中贫困人口700多人，人均年收入4万余元，实现了就近脱贫致富。二是就业式扶贫。发展旅游产业扩大就业。雪峰山旅游公司搭建了管理、宣传、导游、客运、餐饮、住宿等多个工作平台，拓展就业岗位400多个，招收员工183人，其中贫困户子弟87人。三是“授人以渔”式扶贫。按专业化要求开展技术培训。一方面，组织贫困乡村的干部和贫困户代表，赴桂林、龙胜、张家界、梵净山等旅游景区参观考察，学习提高旅游管理技能；另一方面，请上级旅游主管部门及大学教授来景区办培训班，组织景区贫困人口学习，提高旅游服务意识和技能。四是效益共享式扶贫。按资产入股分红。如贫困户贺方礼，以古宅折价15万元入股，获得公司提供的20万元无偿创业扶持金，办起一家容纳30余人住宿的“雁栖山庄”，一年接待游客4000多人，收入30万余元。

3. “支部书记+”：培养打赢脱贫攻坚战的先头部队

“送钱送物，不如建个好支部。”如何让老百姓集体脱贫致富奔小康？怀化市以发挥贫困村党支部书记“领头雁”作用为核心，创新“支部书记+”模式，致力于培养一支打赢脱贫攻坚战的“先头部队”，探索出“百花齐放”“百舸争流”的脱贫致富新路径。比如怀化市通道侗族自治县，探索出“支部书记+旅游带动”“支部书记+产业联动”“支部书记+文化推动”“支部书记+美丽行动”“支部书记+爱心互动”等多条“头雁”领闯脱贫之路，脱贫攻坚带动区域发展成效明显。该县头寨村支部书记欧俊楼，带领村民发展旅游业，组建村民参加皇都艺术团，采取固定工资加提成模式，村民每人月收入3000元左右，创出了旅游开发带动乡村发展、实现脱贫致富的好经验。又如中方县陈家湾村，2013年请回民营企业家吴建明担任党支部书记，优化村支“两委”，带领村民发展优质柑橘、葡萄、花卉苗木等产业，经过2年努力，将人均收入提高到2015年的1.2万元，村级集体经济年收入超过100万元，所有贫困人口全部脱贫，一举成为远近闻名的小康村。

### （三）“四跟四走”发展产业的聚力式脱贫：系统激发市场的力量

特定地区贫困人口密集，往往不是因为这里的人们生产能力不足，而是因为他们的生产活动及劳动产品缺乏必要的市场引力，无法形成产业。这是怀化农业产业化不足的根本原因。针对这一难题，怀化在多年探索实践中形成了“四跟四走”发展产业的工作模式，逐步聚集地力、人力、资金，走上了一条具有“洼地效应”和市场引力的现代生态农业发展道路。

1. “四跟四走”，汇聚市场力量

怀化市创新的“四跟四走”，即资金跟着贫困人口走、贫困人口跟着致富能手走、致富能手带着贫困人口跟着产业项目走、产业项目跟着市场走。运用“四跟四走”的办法，怀化市 2015 年实施扶贫产业项目 2485 个，覆盖贫困人口 78.8 万人次，农业产业化见奇效。怀化市“四跟四走”的经验做法，不仅在湖南省全面推广，而且受到中央领导重视，习近平总书记 2016 年 3 月 8 日参加全国人大会议湖南代表团审议时给予充分肯定。

2. “做大蛋糕”，提高产品质量和市场竞争力

怀化市沅陵县，为解决面积广大、山高路远水长、农民居住分散的难题，运用“四跟四走”工作法，催生和发展农业产业。湖南省委办公厅扶贫工作队进驻该县学宗溪村，采用“四跟四走”的办法，大力发展特色种养产业，发展壮大新型农业经营主体，引导贫困户实施稻鸭、稻鱼共作 80 亩，提质改造 5000 株沙田柚树，发展农旅一体化生态红心猕猴桃 50 亩、茶叶 300 亩，养蜂 300 箱，发放贫困户“小康猪”“小康羊”“小康鸡”4000 余只，形成近 120 万元年产值的农业产业。同时，搭建农村电商创业服务中心，引进淘宝“怀化馆”等运营团队和近 20 家微商等社群营销团队，用市场的力量助推农业产业化，形成学宗溪村及周边农副产品的“洼地效应”，半年实现网上交易额 800 余万元。

3. “互联网+”，做大市场、提高销售增长率

怀化农产品资源十分丰富，漫山遍野都是宝贝。但由于贫困群众不懂

市场、不懂营销，特色农产品往往卖不出去、卖不上价，“养在深闺人未识”，成了一种“贫困的富饶”。针对这一难题，怀化市实施电商扶贫，引进阿里巴巴、淘宝、京东、苏宁易购、邮乐购等国内知名电商企业建立“怀化馆”，培育扶持橙家班、果果绿、三通慧联、怀化购等本土电商企业，借助专业电商平台把散落在乡村的“宝贝”整合起来，形成品牌，“打包”外销，让贫困群众搭上“互联网快车”，把自家的大山茶、魔芋、腊肉、竹笋、茶油等特色生态农产品高价卖到全国各地。2015 年，怀化实现电商交易总额 45 亿元，较上年增长 151%，2016 年超过 100 亿元，是湖南电商增长最快的地区，特色“小产品”赢得了全国“大市场”。

4. 工业化引领区域发展，带动脱贫攻坚

贫困地区要实现追赶超，离不开工业。建好工业集中区，是怀化市拉动县域经济发展、引领脱贫攻坚的关键之举。比如辰溪县，坚持走工业化引领脱贫攻坚的路子，推动产业向园区集中、人口向城镇集中、土地向农民专业合作组织集中，探索出聚力式脱贫新路。围绕打造百亿产业园，该县 2014 年实施了产业园区三年倍增计划，建成 8.593 万平方米标准厂房的工业集中区，引进润沅新材料、泰达讯物联网、贝尔动漫、中三源电子、丽杰车业等 29 家工业企业，实现技工贸收入 155 亿元，直接解决 14800 人就业（其中贫困人口 4600 人），带动蔬菜生产、种植养殖等相关产业发展和 15000 余名贫困人口脱贫，增强了县域经济的整体实力和脱贫攻坚动力。

5. 建设特色小镇，推动产业扶贫

农业产业化既是农村经济发展、农民脱贫致富的必由之路，也是山地怀化农业发展的最大难题。为了破解这一难题，怀化市把建设特色小镇、发展小镇经济作为重要一招。比如靖州侗族苗族自治县坳上镇，集合自身地理环境、土壤气候、历史文化、人口分布等要素及优势，在大力发展杨梅种植业基础上，逐步形成了“种植基地+加工园区+研发中心+商贸物流+文化旅游”五位一体的杨梅产业发展模式，成为著名的“杨梅小镇”，有力推动了脱贫致富，带动贫困户 600 余户，贫困人口 1876 人。杨梅产业的发展还带动了包装、运销、仓储、旅游等相关产业快速发展，产值达 10

亿元，每年为当地梅农增收 4 亿元以上。该县 2016 年减少贫困村 18 个，实现脱贫 12363 人，贫困发生率降至 8.03%，农村居民人均可支配收入达 7940 元，同比增长 11%以上。

## （四）利益联结抱团发展的共赢式脱贫：深刻激发组织的力量

农民的贫困、农村及低城市化率地区的贫穷落后，根本原因是农民的分散与农村的分割。深刻激发农村与农民的潜在力量，将农民组织起来形成合力，是贫困地区实现脱贫的根本出路。如何将农民组织起来、将农村的力量激发出来，基本途径是创新科学有效的利益联结机制。怀化在这方面的积极探索，富有启发意义。

### 1. “八方评审”联结预期收益，集合众意发展产业

麻阳县在多年实践的基础上，逐渐探索出“八方评审”机制。凡遇发展什么产业、怎样发展产业、按什么比例分配收益等重大问题，都要集合贫困户代表、公司等扶贫经济组织、村工作队、村支“两委”、乡党委政府、县扶贫办、县财政局、相关职能部门 8 个方面，进行多轮协商和讨价还价，以建立科学合理的“公司+农户”利益联结机制，有效解决产业发展的技术和市场问题，推进了农业产业规模化发展。2015 年，该县通过严格的“八方评审”，确定引进富硒冬木耳扶贫产业项目，采取“公司+合作社+贫困农户”的模式，引导湖南农博公司在 9 个贫困村试种 300 亩，企业实行保底价回收，种植农户实现户均增收 1 万元以上，2016 年将种植面积扩大到 2000 亩，实现了 3000 名贫困群众稳定脱贫。

### 2. “连村联创”激发组织活力，助推跨村连片脱贫

受国家产业扶贫资金重点投入贫困村的影响，非贫困村的贫困户单凭自身发展往往难以脱贫，成了“扶贫盲区”。为破解这一难题，麻阳县谭家寨乡探索出“连村联创连片脱贫”的经验做法，将与该乡相连的 4 个贫困村和 5 个非贫困村共 9 个村联合起来，组建了谭家寨乡宝库岭扶贫产业开发有限责任公司，把 4 个贫困村的财政专项扶贫资金 315 万元、楠木桥

村大学生村官创业园投资240万元、9个村贫困户扶贫小额信贷1008万元、宝库岭扶贫产业开发有限责任公司商业贷款600万元集合为2163万元的资本金，集约土地2000亩，集合贫困户646户2383人，建起了优质猕猴桃扶贫产业园，有力推进了农业产业化和跨村连片脱贫。

3. 大胆创新，在改革中探索共赢机制

怀化市麻阳县推行“市场化产业扶贫”改革试点，大胆探索用市场机制配置扶贫资源，率先在湖南省探索出“县乡村三级+产业项目合作企业+产业金融信贷合作企业+贫困农户”的市场化合作共赢新机制，实施产业扶贫市场配置、市场要素、市场合作“三项改革”，帮助贫困农户解决了发展产业中遇到的融资贷款难、集约经营难、科技种养难“三大难题”，实现了贫困农户致富发家、合作企业盈利发财、贫困乡村科学发展的共赢，取得了产业扶贫模式改革试点的成功经验。

## （五）精准施策合力攻坚的引领式脱贫：全面激发政策的力量

脱贫攻坚是集中连片特困地区区域发展的最大机遇。为用足、用好、用对扶贫政策，全面激发政策的力量，顺势而为，乘势而上，怀化市委、市政府积极作为，改革创新，实现了乘势脱贫、借势赶超、铸就优势的目标。

1. 建立健全以政府为主导的多元投入机制

对所有财政专项资金进行大清盘、大洗牌、大整合，坚持凡能整合的千方百计消除阻力、科学整合，充分发挥财政资金的杠杆作用，撬动金融资本、社会资本集聚脱贫攻坚。2015年全市整合财政扶贫专项资金19.5亿元，投入贫困地区产业发展和基础设施建设。2016年市县两级再整合投入扶贫资金10亿元，力争带动社会和金融资金50亿元投入脱贫攻坚。

2. 建立健全政策资源多渠道整合机制

坚持既积极争取政策支持，又创造性地整合政策，把上级政策与基层实际无缝隙对接起来，解决“上面千条线、下面一根针”及政策“碎片化”难题，发挥政策资源的集聚、辐射效应。2015 年实施扶贫项目 2485 个，覆盖贫困人口 787656 人次。全市共新修村组道路 432 千米；解决 48047 户安全饮水问题；发展特色水果基地 358 个、猪牛羊养殖基地 235 个，建成蔬菜基地 1550 亩，在建的葡萄、猕猴桃、中药材等特色产业基地 14 万亩。

3. 建立健全多元治理的扶贫主体联动机制

注重充分发挥党的政治优势，建立健全“党委领导、政府主导、群众主体、市场运作、社会参与”机制，动员和组织党政机关、企事业单位、社会各界、广大干部群众齐心协力打好脱贫攻坚战，变各唱各调的“独角戏”为党委政府、社会各界与贫困群众协同共奏的“交响乐”。由市、县、乡党员干部组成 1237 个驻村帮扶工作队进驻 1237 个贫困村，其中 121 个市直单位、34 名市级领导分别结对联系 1 个条件最差的贫困村。全市组织 1 万名党员干部联系 1 万户贫困户结成帮扶对子。2015 年 4 月开展结对帮扶以来，市、县、乡党员干部共走访贫困户 3.4 万余户，帮助解决问题 18.3 万余个，带动了党的扶贫政策落地生根、开花结果。

## 三、 政策建议：设立武陵山片区“都市特区”

设立和建好“特区”，发挥“特区”的试验作用与辐射功能。“星星之火，可以燎原”，这是中国共产党人创造奇迹的重要经验。在党的十八大启动实现“两个一百年”目标的新时期，在脱贫攻坚战中，建议借用“特区”建设经验，设立集中连片特困地区的“都市特区”，推动、带动、拉动脱贫攻坚与区域发展。

集中连片特困地区脱贫攻坚与区域发展要有“发动机”。火车跑得快，全靠车头带。区域经济发展也需要这样一个让火车跑得快的“车头”，这样才能带动整个区域的高速发展。长三角、珠三角的区域优势，就是来自大都市的核心带动，进而聚集周边区域发展形成巨型城市群。而集中连片特困地区的贫困落后，根本原因是缺乏核心、没有都市，无法聚合区域资源形成优势力量实现整体脱贫和区域发展。为改变这一状况，需要设立片区中心城市，发展“都市特区”，成为区域发展的“发动机”。

怀化市具有成为武陵山片区脱贫攻坚与区域发展“发动机”的独特优势。湖南省为怀化市确定了“一极两带”的发展定位，使怀化市成为湖南省未来发展最重要的3个增长极之一。这样的重要定位在武陵山片区内的11个市州中是独一无二的。再从怀化自身优势来看，怀化市是武陵山片区及周边300千米范围内人口最多、面积最大、交通最发达、产能最强、基础最好、生态资源最丰富的区域中心城市，最有能力和条件成为武陵山片区脱贫攻坚与区域发展的“发动机”。

考虑到武陵山片区脱贫攻坚与区域发展中最难啃的“骨头”在怀化，怀化的目标定位是湖南省对接成渝城市群、辐射大西南的新增长极，建议将怀化市设立为武陵山片区的“都市特区”，采取特殊政策加强建设，提升聚集能力，发挥辐射作用，牵动片区脱贫攻坚与区域发展。

# 第三章　建设一支助力扶贫攻坚的国家级团队

作为武陵山片区区域发展和扶贫攻坚工作的联系单位，国家民委创新了派驻联络员制度，并于2012—2017年先后向该片区11个市州、71个县市区选派了6批共计333名联络员，成为推动集中连片特困地区扶贫攻坚先行先试工作的重大举措。2012—2017年，中央民族大学选派了65名校、处级领导干部，作为国家民委派驻联络员，赴湖南省怀化市及其12个县市区挂职担任党委常委、政府副职。联络员在国家民委和地方党委、政府领导下认真履职，推动区域发展与扶贫攻坚，取得了一系列成果，积累了宝贵经验。

## 一、为什么出发：派驻联络员制度的实施背景与重要意义

2011年10月，国务院批复了《武陵山片区区域发展与扶贫攻坚规划（2011—2020年）》（以下简称《规划》），要求按照“区域发展带动扶贫开发、扶贫开发促进区域发展”的基本思路，“将武陵山片区建设成为扶贫攻坚示范区、跨省协作创新区、民族团结模范区、国际知名生态文化旅游区和长江流域重要生态安全屏障”（以下简称“四区一屏障”）。同时确定：“国家民委作为武陵山片区扶贫攻坚试点工作的联系单位，要深入调查研究，加强沟通协调。加强《规划》与国家总体规划和相关专项规划的衔接。”为发挥好“联系单位”的作用，国家民委决定从国家民委机关及委属单位选派干部担任派驻武陵山片区联络员，推动《规划》落地实施。

国家民委派驻联络员制度的创新意义在于：一是加强了武陵山片区区域发展与扶贫攻坚的联系工作，促进武陵山片区科学发展；二是加强了新时期民族工作，促进了民族团结进步事业；三是培养锻炼了干部，建设了高素质干部队伍。

根据武陵山片区“四区一屏障”建设目标及“联系单位”的角色定位，国家民委赋予联络员“三项职责”和“五项任务”。“三项职责”即调查研究、沟通协调和反映情况；“五项任务”即开展调查研究、当好参谋助手，加强沟通协调、发挥桥梁纽带作用，开展帮扶工作、多办实事好事，总结典型经验、探索工作新路子，指导民族团结进步创建活动、建设民族团结进步示范区。

## 二、 如何推进：派驻联络员制度的实施情况

### （一）国家民委全面联系，有力推进《规划》落地

2012 年、2013 年、2015 年、2017 年国家民委人事司先后在中央民族干部学院举办了四期联络员全员集中培训，邀请国家民委、国务院扶贫办、国家发展改革委等部门领导同志授课。2014 年 8 月、2016 年 1 月先后在湖南省、重庆市召开武陵山片区区域发展与扶贫攻坚工作推进会，强力推动《规划》实施。

### （二）地方政府主动对接，创造条件发挥联络员作用

怀化市政府及各县市区政府高度重视联络员工作，主动与上级组织人事部门和民族宗教部门对接。工作上，指定专人协助联络员开展工作，在交通、办公、调研等方面提供便利；生活上，尊重少数民族联络员的风俗习惯和饮食特点，为联络员营造适宜的生活环境；安排联络员参与党政工作，提供建言献策工作平台，为联络员发挥作用创造条件。

### （三）发挥民委高校优势，建好高水平联络员队伍

中央民族大学党委高度重视联络员工作，通过严格筛选和管理培养，建设了一支74人的联络员队伍。这支队伍有几个特点：一是职称高，学历高，教授、副教授31人，占42%；硕士、博士55人，占74%；52人专业领域为民族学、民族经济、民族理论与民族政策、民族教育，与少数民族区域发展高度相关，占70%。二是管理经验丰富，工作能力较强，全部具有8年以上、多数具有20年以上管理工作经验。三是年轻干部比例高，工作干劲足、学习扎实，中青年干部61人，占82%。四是少数民族干部多，民族工作经验丰富，31人为少数民族干部，多数在民族大学或少数民族地区工作10年以上，对民族工作和民族地区有深厚情感。

对联络员队伍建设，学校主要领导亲自抓。党委书记张京泽、鄂义太，校长黄泰岩、陈理，副书记马文喜等领导同志先后8次到怀化市调研指导，看望慰问；组织部成立专门工作小组，负责具体落实工作。6年为联络员投入工资、工作经费、探亲费等各项费用共计1860多万元，为联络员全身心履职提供了坚强保障。注重提拔重用，61名回校的联络员中9人得到提拔，14人交流到重要岗位。

### （四）持续联络上下左右，助力脱贫攻坚

联络员到岗后，迅速熟悉当地情况，积极转变角色，以党委常委、政府副职身份协助常务副市长、副县长负责武陵山片区扶贫攻坚工作，抓好各项分管工作。联络员一方面深入基层，进村入户，开展调查研究，撰写高质量的调研报告；另一方面扎实开展帮扶工作，为地方办实事做好事。同时，主动参与地方党政工作，积极建言献策，当好参谋助手，助力地方发展与扶贫攻坚。

## 三、 绩效何在：实施成效与经验做法

### （一）实施成效

联络员制度自 2012 年实施以来，取得了突出实效，集中体现在以下方面。

第一，团队作战，开展调查研究，形成一批高质量调研成果和政策建议。中央民族大学联络员团队作战，发挥集体力量，利用高校教师的专业优势，深入、全面、系统地开展调查研究。先后撰写了 110 多篇调研报告，其中《五溪大地的忧思——来自雪峰山深处的乡村调查》《家庭·村落·社会——物质的富庶与情感的贫困》和《如何改变区域的趋势性贫困——从怀化看集中连片贫困地区精准扶贫政策的精准化及政策建议》得到了汪洋、王正伟等国家领导人的批示。

第二，参与地方党政工作，培养了一批更接地气的高校领导干部。培养干部是国家民委派驻联络员的目的之一。2012—2017 年，联络员们走进基层，深入群众，进一步了解了地方情况；全程参与地方政府党政工作，熟悉了地方级政府的工作机制。联络员队伍的建设，为中央民族大学培养了一批了解基层、有地方党政工作经验的领导干部，也为高水平大学建设储备了力量。

第三，发挥优势办实事好事，促进区域发展与扶贫攻坚。据统计，2012—2017 年，中央民族大学联络员参与、协助和直接争取到的社会捐助、基金会资助、企业投资合计 20.8 亿元；促成团中央向怀化市定向派遣研究生支教团，培训一批专业技术干部，有力促进了怀化市的区域发展与扶贫攻坚。

第四，推进校地合作，着力打造一支永不撤走的扶贫工作队。联络员制度加强了中央民族大学和怀化市的联系。2012—2017 年，中央民族大学致力于探索民族高校服务民族地区发展的新路子，充分发挥联络员的沟通

协调职能，努力搭建学校服务武陵山片区的工作平台。通过与怀化学院开展“手拉手”帮扶活动、学生招生倾斜、举办研修班等方式，服务当地人才培养，为区域发展与脱贫攻坚提供智力支持。组织专门科研力量，聚焦武陵山片区发展，成功申报并立项支持了“武陵山片区少数民族贫困村家庭、社会关系结构及影响研究”（国家社科基金项目）等一批科研项目。

### （二）经验做法

派驻联络员制度在实施过程中，积累了经验，主要体现在以下方面。

第一，深入基层、深入群众，在励志扶智中激发脱贫攻坚的内力。“打铁还需自生硬。”扶贫攻坚工作要靠政府、靠全社会的帮扶，但根本上还是要靠当地群众的自我脱贫、自我致富。联络员到岗后，走进基层，深入群众，通过上党课、讲政策，搞培训、教技术，深入调研、解剖麻雀等形式，为当地干部群众鼓劲加油，激发了他们脱贫的斗志，增强了他们脱贫致富的信心和能力。

第二，集合众智、深度挖掘，在团队协作中形成调研工作的合力。“众人拾柴火焰高。”中央民族大学联络员，依靠组织优势，采取统一“命题”、分别调研、团队研讨的方式，集合众智，反复研讨，淬炼精华，形成了一批高质量的内参报告。

第三，“走出去”“引进来”，在多方协调中聚集社会扶贫的助力。“众人种树树成林，大家栽花花才香。”联络员利用自身资源，通过多方协调，积极引进各类社会帮扶资金参与当地扶贫攻坚工作，为社会帮扶资金注入贫困地区发挥了牵线搭桥的作用。

## 四、如何优化：政策建议

### （一）开展中期评估，完善配套政策，进一步实化、优化派驻联络员的职责任务

按照当初的制度设计，联络员的阶段性派驻任务已经完成。但是，自

2012 年联络员制度实施至今，无论是中央关于扶贫工作的宏观政策，还是武陵山片区的实际情况都发生了很大变化。因此，有必要对《规划》和联络员制度的实施开展一次中期评估，总结成功经验，查找问题不足，完善配套政策，进一步实化、优化联络员职责任务，确保《规划》有效实施。

### （二）精准选派，精准对接，更加充分地发挥“联络”作用

优化联络员的选派。建议国家民委完善遴选机制，由武陵山片区四省市根据各地实际需要提出需求信息，国务院扶贫办提出任务要求，国家民委汇总，根据委属单位优势进行对接。建议保证选派数量，提高质量，可适当选派一些专家学者充实到联络员队伍。

### （三）总结经验，编制《联络员工作手册》，提高联络员工作的专业化水平

建议在充分总结 2012—2017 年联络员派驻经验、成功案例的基础上，编制《联络员工作手册》，进一步明确联络员职责任务、选派条件、工作方式方法、纪律要求、考核办法等，以进一步增强联络员的履职能力和工作实效。

### （四）进一步发挥国家民委优势，支持联络员一线推动《规划》落地

建议发挥民委多部门优势，形成“联系单位”内部各司局办的合力，推动《规划》全面落地；发挥民委作为中央部委的权威优势和协调优势，构建部际、省际有效协调机制，推动《规划》精准落地；发挥民委组织优势，上下左右协调，发挥派驻联络员一线作用，立体推动《规划》有效落地。

# 第四章 “胜利名城 五彩怀化”：全域生态文化旅游牵动区域发展

近年来，怀化市委、市政府全面审视怀化经济社会发展规律和总体态势，深刻分析国内外经济发展大势特别是民众消费转型升级的趋势，顺时应势地作出“加快推进生态文化旅游业发展”的战略决断，形成打造“胜利名城 五彩怀化”、牵动脱贫攻坚的新路子。

## 一、旗帜与名片：“胜利名城 五彩怀化”

怀化旅游资源禀赋优越，层次丰富，既有生态自然，又有历史文化，还有民族民风，万紫千红，异彩纷呈。千百年来人与自然的相互融合，五溪文化与荆楚文化、中原文化、巴蜀文化的相互激荡，农耕文明与商业文明的相互交融，经济与文化的相互渗透，军事与政治的相互洗礼，使得怀化于经济上汇天下之财富、于文化上得四方之风气，成为世代居住的人们感知生命的自由、自得与自在的诗意栖居之所，为人们通过游历怀化山川、体验五溪风情，满足其故园之恋、自然之想、传统之思打下重要基础。正如“怀化”之名所昭示的“怀抱天下、化育万物”之内涵，最能体现这一切的，则莫过于“胜利名城 五彩怀化”。

### （一）“胜利名城”：怀化和怀化旅游的第一张名片

怀化作为“胜利名城”，就是以其独特地理风物孕育的大情怀、时代风云际会造就的大人物、生命与血肉浇筑的大事件，共同熔铸而成的胜利地标。

独特地理风物孕育大情怀。五溪怀化，重山叠岭，溪河纵横，山为铁骨水为灵性。山多“顽石赭土，地质刚坚”；水多“峻激”“悍洁”，沿五溪、顺沅水而下，一棹可抵洞庭、至长江、出大海。重山阻隔，使得民风多霸蛮而独立，民性多倔强而刚烈，或负气争雄、刚而喜斗，或忠信侠义、视死如归。溪河通达，便民舟楫外出经商、游学、出仕，域外人士亦可溯溪河而入，求生、求财、传道。千百年来的内外交融、夷夏交汇，共铸了怀化人之体格、人格与性格：彪悍勇猛而不失圆融、淳朴憨直而又不乏智慧、桀骜不驯而又忠君爱国。尤其在板荡之际，平日里显得有些土头土脑、专心于自家活计的民众，立即变身“战士”“斗士”，敢于“拼将十万头颅血”，为生存而战，为尊严而战，浴血奉命，铁血酬国。屈原羁旅沅、辰、溆，慨叹怀化人：“诚既勇兮又以武，终刚强兮不可凌。身既死兮神似灵，魂魄毅兮为鬼雄。”这样的山水、这样的风物、这样的铁血精神和生命情怀，注定是要激荡起舍生取义、杀身成仁、精忠报国、敢于胜利的浩然正气，并通过村村寨寨的点点星火、口耳相传、耳濡目染而溶于血脉、化入基因之中，进而超越血火、超越生死、超越时空，铸就怀化人自强不息之情怀、敢于胜利之精神。

时代风云际会造就大人物。一方水土养育一方人。五溪怀化自古以来，地灵人杰。翻开历史和诗篇，此处造就了不少大人物，他们或为官、或遭贬、或流寓，“迁客骚人，多会于此”。千古诗人屈原，2000 多年前“溯沅水，发枉渚，过辰阳，入溆浦”，在此度过了他人生最后 9 年时光，留下了《天问》《涉江》《离骚》等不朽名篇。怀化因处于东西南北之地理要冲，扼入云贵、进巴渝、出洞庭、达江海之咽喉，那些躬历山川、纵意琴酒、名动江湖、阅尽天下的智者大家、文人雅士流徙宦游的踪迹，在此随处可见，信手拈来。有李白“闻道龙标过五溪，随风直到夜郎西”；有王昌龄“沅水通波接武岗，送君不觉有离伤。青山一道同云雨，明月何曾是两乡”；有王阳明“身在夜郎家万里，五云天北是神州”。20 世纪初，时代的风云际会更是造就了一大批以“独立自由之思想、坚忍不磨之志节”引领历史潮流、叱咤历史风云的怀化伟人。有在黑暗如磐、风雨如晦的岁月中，以盗火偷光般的巨大勇气开启民智、发动民众，探索救国救民道路的中共创始人及早期领导人的向警予；有国难当头时以一介书生投笔从戎，在战中学、学中战、边战边学，进而运筹帷幄，决胜千里，成为身经百战、战功卓著的共和国“第一大将”粟裕；有在血雨腥风的紧要关头，与彭德怀发动“平江起义”，在枪林弹雨中共铸新中国，临危受命筑路强中国的第一任铁道部部长滕代远……闪耀的几颗明星，体现的是怀化人以天下为己任、舍我其谁的浪漫与担当，坚忍不拔、向死而生的情怀与斗志，成为滋养当今怀化人生命情怀的养分。

生命与血肉浇筑大事件。怀化境内山势险要，雄关林立，自古为湘桂黔川滇“五省通衢”，素有“滇黔门户”“全楚咽喉”之称，历来为兵家必争之地。生于斯长于斯的世代怀化人以生命与血肉浇筑了许多大事件，仅近现代，就在此发生了不少彪炳史册的大事件。1934 年 12 月，湘江血战后仅余 3 万人的中央红军正遭受前所未有的挫折，途经怀化，在通道县的恭城书院召开了一次生死攸关的重要会议，史称“通道会议”，作出“通道转兵”的战略决策，不仅挽救了中央红军，并“实际上开始了毛泽东在军事上的领导”，成为红军从失败走向胜利的新起点，开启了党和红军转危为安、走向胜利的“通天大道”。1937 年抗日战争全面爆发后，怀化成为扼守西南、支援前线的战略支点：一是成为区域性避难中心，如“诺亚方舟”般庇护了数十万的抗战伤员与难民、大量战时工商企业和大批遭受重创的大中小学。二是成为空军战略要地。怀化人民投工投劳，用自己的生命与血肉相继建成了芷江盟军机场、溆浦桥江机场、黔阳沙湾机场、辰溪皂角坪机场等，使得中国和盟军空军等能以芷江机场等为基地，向全国各地抗战给予有力的空中支援。三是成为“最后一战”决胜地。1945 年 4—6 月，中日军队最后决战——“湘西会战”历时 55 天，中国军队取得了会战的胜利，重挫了日军的锐气，彻底粉碎了日军攻战芷江机场、威胁陪都重庆的企图，敲响了侵略者的丧钟。四是成为震古烁今受降地。1945 年 8 月 21 日，中国人民和全世界反法西斯人民期盼已久的重大历史时刻——日本帝国主义向中国受降仪式在芷江进行。“八年烽火起卢沟，一纸降书落芷江。”这是百年近代史上中国人民反抗外国侵略第一次取得完全胜利的民族解放战争，一雪1840年鸦片战争以来的民族耻辱，成为中华民族由危亡走向振兴的历史转折点。怀化人不仅见证了这些辉煌时刻，更是始终站在抗日的前列，同仇敌忾，共赴国难，以鲜血和生命诠释着勇于牺牲、敢于胜利的民族气节和深厚的赤子情怀，使怀化成为当之无愧的抗日圣地和胜利名城。

### （二）“五彩怀化”：怀化旅游的丰富多彩与无穷魅力

怀化又称“五溪大地”，其固有的绿、红、黄、蓝、紫五彩辉映，浑然天成、美轮美奂、引人入胜，交织和幻化出怀化旅游的无穷魅力。

1. 绿色怀化：清新、淡雅、优美、生机勃勃

怀化地处武陵、雪峰两大山脉之间，自然生态良好，森林覆盖率达70.83%，是全国九大生态良好区域之一，拥有一批国家级著名风景名胜区，是名副其实的“原生态植物园”和“会呼吸的城市”。市内林海茫茫，层峦叠翠，通道万佛山、会同鹰嘴界、沅陵借母溪、麻阳西晃山绿意盎然，生机勃勃，连绵的绿色从深山深谷向乡野、村庄、城镇、城市浸润伸展。行走五溪大地，满目青山绿水，从山到水，从水到林，到处跳跃着绿的精灵。世代聚居于此的人们，其绿色发展理念也尤为深厚，视绿水青山为大富贵，把清风朗月当真功名，珍爱绿色，依恋绿色，守卫绿色。“燕子飞时，绿水人家绕”“一水护田将绿绕，两山排闼送青来”的景致在怀化城乡随处可见。绿，成了怀化最大的底色。

2. 红色怀化：吉祥、喜庆、激情、斗志昂扬

怀化是一块红色的热土，也是一块吉祥的福地。粉如丹霞的万佛山下，濒临绝境的工农红军在恭城书院实现了伟大的“通道转兵”，从此中国革命在惊涛骇浪中转危为安，从失败走向胜利。巍巍雪峰山上，中国军民同仇敌忾，用一腔赤诚与满腔热血谱写了一曲荡气回肠的抗日壮歌，对日寇的“最后一战”赢来了“一纸降书落芷江”，洗刷了中华民族的百年

耻辱。悠悠沅水河畔，“杂交水稻之父”袁隆平“一粒种子改变一个世界”，为中国乃至世界带来了饱暖与富庶。怀化市内恭城书院，抗日战争洽降旧址，弓形山抗日陵园，安江农校杂交水稻纪念园以及向警予、粟裕、滕代远、袁隆平等故居旧址均保存完好。

3. 黄色怀化：富足、幸福、悠闲、雍容尊贵

怀化虽处万山之中，但“地险狭而不夷”，以丘陵为主，平、岗、山原兼有，土质肥沃。市内溪河交织，灌溉便利，农耕时代耕作条件总体较好，加之世世代代勤于劳作，人们衣食无忧、饱暖有余。相对优裕的生活、相对淡泊的欲念，使得这里的人们“日子半忙半闲，生活半丰半俭，饮酒半醉半醒，心境半佛半仙”，堪称农耕社会慢生活的“原始版本”，成为一方令人神往的世外桃源。明清以降，正值资本主义萌芽，借水运交通之利，以“洪商”为代表的怀化商人足迹几遍宇内，累积了巨万财富，“商贾云集、货财辐辏、万屋鳞次、帆樯云聚”。经济上的巨大成功反过来又在科举教化、文化艺术、建筑园林等多方面影响、滋润着怀化。尤为值得一提的是，这里至今还有国内保存最完整、规模最庞大、形态最丰富、组合最完美的古城、古镇、古村群落，已超越徽州而位居全国第一。以洪江古商城、黔阳古城、龙溪古镇、荆坪古村、高椅古民居、芋头侗寨、五宝田古居民等为代表的30多处集中连片的古城、古镇、古村群落，融汉、苗、侗、瑶少数民族为一体，深刻诠释着古韵怀化、富足文明的无穷魅力。

4. 蓝色怀化：纯净、幽深、高远、胸怀梦想

怀化的天空湛蓝无垠，白云华盖，彩霞吉照；怀化的大地融山、水、林、田、湖于一体，幽蓝静净；怀化的人民自古多民族聚居，少数民族人口占总人口的40%以上。长期以来，各族人民和谐相处，彼此交融，在这片蓝天白云、悠然大地上，共同创造并传承了纯正独特、古色古香的原生态民俗文化，其中10项已被列入国家级非物质文化遗产名录，如有“天籁之音”美誉的侗族大歌、起源于印度佛教目连地狱救母故事的辰河目连戏、有“原生态民族音乐活化石”之称的苗族歌鼟、全侗语演唱对白的傩

戏“咚咚推”、堪称“中国民族声乐艺术奇葩”的辰溪茶山号子、花瑶人世代相传的花瑶挑花、流传2000多年的侗族芦笙等。侗族的拦门酒、合拢宴、芦笙舞、哆耶舞独具韵味，侗锦、剪纸、刺绣、雕刻、竹编等民族手工工艺品久负盛名。由于地理上的相对封闭与隔绝，这些独特的民俗风情仍保存着完善、原始、古朴的风貌，具有强烈的吸引力和震撼力，呈现出令人着迷的美好梦想。

5. 紫色怀化：神秘、浪漫、优雅、典雅高贵

除儒释道外，怀化还有其神秘独特的文化习俗。源自上古的盘瓠文化古朴神秘，绵延至今。作为巫傩文化的主体地带，滚刺床、单刀云梯（上刀山）、蹚火池（下火海）、吃火木炭等傩技已成为中国的民间绝技，斗牛、斗鸡、斗鸟、爬花秆、打陀螺、打秋千、对山歌等无不折射出对“物我关系”的独到演绎。此外，怀化还有一系列具有唯一性的优质旅游资源。如以秦黔中郡遗址为代表的规模宏大的墓葬群，被称为“江南秦始皇兵马俑”；有始建于唐贞观二年、保存完好的世界上最早的学府——龙兴讲寺；有秦代儒生藏书之处——二酉藏书洞；有屈原流放九年之久并作《九歌》之故地；有唐代诗家天子王昌龄留下“洛阳亲友如相问，一片冰心在玉壶”千古佳句的楚南上游第一胜迹——黔城芙蓉楼；等等。“夸父逐日”“马革裹尸”“老当益壮”“夜郎自大”“学富五车”“书通二酉”等成语典故无不引发人们思古之幽情。

如果说“五彩怀化”是怀化旅游的“形”，那么“胜利名城”则是怀化旅游的“魂”与“神”。“五彩怀化”孕育出怀化人的胜利精神，而胜利精神则蕴涵于怀化之天地、山水、人物、时空之中，滋养和浇灌着怀化和怀化人，使得“五彩怀化”更加绚丽壮美。正所谓“形具而神生”，神形“相与而化，浑然一体”。显然，确立了“胜利名城 五彩怀化”这个怀化旅游鲜明的主题，就从“形”到“神”、从外在到内核抓住了怀化旅游的内涵与核心，也就抓住了讲好“怀化故事”的精髓，更抓住了发展怀化旅游的“纲”。纲举目张，串珠成链，串点成线，若潜心布局，悉心打磨，精心雕琢，假以时日，必成大精品、大气候。

## 二、布局与行动：以“胜利名城 五彩怀化”为抓手布局和打造旅游产业

“十三五”开局之时，怀化即被纳入湖南省“一核三极”之“一极”，成为湖南省“辐射大西南、对接成渝城市群”的新增长极。这对怀化而言，是前所未有的重大战略机遇。

黄金机遇当有黄金作为。怀化将生态文化旅游产业作为丰富“极”的内涵、体现“极”的担当、勇挑“极”的使命来思考与推进，并以“胜利名城 五彩怀化”为抓手来开辟全新的发展路径，初步走出了一条全域旅游的新路子。

### （一）以规划引领绘就“五彩”蓝图，勾勒“名城”愿景

“胜利名城 五彩怀化”是一篇“大文章”。怀化以国际视野搞好顶层设计，精心谋划勾勒，系统稳步推进。立足建设国内外知名旅游目的地的战略定位，高起点、高标准、高质量编制好产业发展专项规划，科学布局，统筹谋划。一是突出全域旅游。全域旅游是空间全景化的系统旅游，是旅游业发展进程中的一场深刻变革。怀化生态文化旅游产业的规划，始终顺应这一趋势与方向，规划布局，配置资源，推进景区建设，配合产业发展。二是体现自然生态。在整体布局上考虑生态风貌、民俗风情、人文风物的有机结合，始终把望得见山、看得见水、记得住乡愁、尊重文化、道法自然作为规划中最重要的理念，为生活“添绿”，为生态“留白”，力求将山水生态、乡土文脉与古朴风情有机融于一体。三是实现多规合一。注重将旅游规划与经济社会发展规划相衔接，与土地利用、生态环保、产业发展等规划相融合，确保中心城区、县城、集镇、乡村规划实现一体统筹。总之，规划科学是最大的效益，规划失误是最大的浪费，规划折腾是最大的忌讳，必须有超前的眼光，宁可慢一点也要看得远一点、走得稳一点，留下怀化的自然本色、民族本真和文化本源，绝不能让现实对未来忏悔。

## （二）以重点突破做好“五彩”之“眼”，打造“名城”标杆

怀化旅游发展最大的问题是缺乏重量级旅游项目的带动，“满天星星，不见月亮”。为改变这一状况，必须突出提高供给水平，推进旅游业供给侧结构性改革，按照“大旅游、大产业、大整合”的要求，通过集中自身有限的力量和引进战略投资者，选择几个对全局有重大影响的“引爆点”，集中力量，重点突破，高强度开发，高标准建设，使之成为怀化旅游的“标杆”，迅速提升怀化旅游的知名度和美誉度。为此，怀化市选择在芷江抗战胜利纪念馆、洪江古商城、通道万佛山、黔阳古城等几个重点景区上率先实现突破。同时，着力抓好怀化主城区建设。按照知名旅游城市标准与定位，推进五星级酒店与游客集散中心建设；突出太平溪、㵲水河两条水系的治理与建设，做好做优“水”这篇大文章，经过几年的努力，使之成为怀化主城区两道靓丽的风光风景带、生态走廊与休闲空间。

## （三）以基础配套织就“五彩”绚烂，夯实“名城”基石

旅游的实质是一种审美活动，细节配套尤为重要。怀化致力于将少数民族特色村寨建设、新农村建设、新型城镇化建设、“三边”绿化与旅游发展统筹起来，大力推进“绿色通道、美丽乡村、幸福家园”建设，着力打造一批独具特色，富有观赏性、体验性的“旅游路”“景观路”“生态路”，为“全域旅游”格局的形成打下基础。同时，抓好旅游功能的完善与配套，针对怀化旅游“吃、住、行、游、购、娱”六要素中的“购、娱”两块短板，开发一批具有浓郁地方特色、富有民族风情的文艺演出、娱乐项目、民间工艺品、纪念品，积极培育与“文、商、养、学、闲、情、奇”等旅游新要素相关的新业态、新产品，充实旅游内涵，延伸产业链条。通过完善的配套，既让居住其间的群众舒适方便，又让来到怀化旅游的人们开心、舒心，真正做到城市让生活更美好、乡村让城市更向往。

### （四）以宣传推介彰显“名城”魅力，闪耀“五彩”光芒

旅游经济是注意力经济、眼球经济、形象经济。发展大旅游，必须要有大宣传、大营销、大推介。一是从挖掘与传承怀化文脉中夯实宣传的厚度。文化、文脉是一座城市的灵魂与根本，也是居住生活于斯的人们的精神皈依与心灵寄托，更是点燃外来游客心中“乡愁”的情感密码。怀化市一边深入挖掘沅水流域的远古高庙文化、巫傩文化、龙舟排工文化、黄金水道文化等，破解大区域、大流域的文明密码，一边又从古村、古匾、古庙、古桥、古井、古树、古藤等细微处入手，让流淌、浸润其间的耕读文明与传统文化焕发生机，不断丰富旅游营销宣传的内涵与厚重感。二是从搭建讲好“怀化故事”平台中增强宣传的聚焦度。在成功打造出中方县一年一度的“南方葡萄节”这一模式的基础上，从小处着手，以“小”博“大”，大力推进农旅融合、文旅整合，搭建房车营地、农事感知、篱园采摘、溪畔垂钓等多种节会平台建设，保持与提高了怀化旅游的聚焦度、知名度与美誉度。三是从善用新媒体、新技术中拓展宣传的广度。高度关注互联网为旅游宣传传播带来的全面、深刻的变革，抢抓难得机遇，发挥后发优势，积极推进怀化旅游营销的创新发展和转型升级，使怀化沉淀千年的文化与留存万年的生态，借助互联网新技术穿越时空，在更广的范围内为人们所熟知，进而为怀化成为国内外知名旅游目的地注入新的强大动能。

## 三、政策建议：将怀化市作为武陵山片区生态文化旅游业防返贫机制建设试点城市

作为武陵山片区的腹地，怀化市尽管生态文化资源富集，比较优势明显，但是经济发展相对滞后，形成资源富有与经济落后的巨大反差，显现出不可思议的“富饶的贫困”。

“绿水青山就是金山银山”，资源就是资产。利用生态文化资源发展旅

游业，不仅能够优化区域产业结构、提升产业效率、提高增长质量，对经济发展起到战略支撑作用，能够改善民生福祉、促进社会和谐、平衡区域发展、实现文化传承、保护生态环境、提升地方形象，还能够促进农村经济发展、农业结构调整、农民增收致富、贫困人口减贫脱贫防返贫。生态文化旅游业还具有贫困人口参与面广、生产经营成本较低、扶贫效果来得快、返贫率低的特点和优势。变“绿水青山”的资源优势为“金山银山”的发展优势，打造驱动武陵山片区区域发展和扶贫攻坚的“发动机”，迫切要求怀化市将生态文化旅游业作为牵动性支柱产业。

利用比较优势和后发优势，发展生态文化旅游业，可以统筹协调全市旅游资源、生态环境、相关产业、公共服务、文化素质等各类要素，充分调动文化、教育、体育、医疗、农林、工矿、水利、交通等相关产业的融合积极性与主动性，以生态文化旅游推动资源优势逐步转变为产业优势，进而实现全市经济增长、打赢脱贫攻坚战、有效防返贫。

考虑到生态文化资源优势、区域发展落后状况以及区位便利条件，基于生态文化旅游具有带动性很强的“头雁”溢出效应，建议将怀化市作为武陵山片区生态文化旅游业防返贫机制建设的试点城市，探索集中连片特困地区区域发展与扶贫攻坚的新模式和防返贫的新机制。

# 下篇

# 以十九大精神引领防返贫长效机制建设的实践探索

# 第五章　发展全域旅游构建防返贫长效机制

## ——以怀化市通道侗族自治县为例

旅游业是当前保护青山绿水，保护、传承和发扬地方民族文化的重要产业。全域旅游具有全社会、多要素参与的特点，有着较强的产业融合发展功能，有助于推动整个旅游产业升级壮大，提供更多的就业机会。全域旅游为贫困人口脱贫、防返贫提供了有效出路，为增强贫困人口自身“造血”功能，从根本上解决贫困、建立防返贫长效机制提供了重要支撑。近年来，怀化市通道侗族自治县积极发展全域旅游，旅游收入对地方经济的贡献率逐年快速上升，旅游扶贫成为通道县重要的扶贫模式之一。一系列发展旅游、巩固旅游扶贫成效的措施，成为当前和未来稳收入、稳脱贫、防返贫的重要保障。总结通道县的旅游扶贫经验，凝练可以复制推广的旅游扶贫模式，不仅有利于通道县继续通过旅游扶贫推动整体脱贫，还有利于防止脱贫人口返贫。

## 一、通道县基本情况及其旅游资源

### （一）通道县基本情况

通道侗族自治县地处湖南省怀化市最南端，位于湖南省、广西壮族自治区、贵州省三省（区）交界处，是通往中国大西南的要道，也是怀化的“南大门”。通道县地处云贵高原东缘向南岭山脉过渡地带，雪峰山西南余脉延伸县内，分属长江、珠江两大水系。东邻湖南省绥宁县、城步苗族自治县，北接靖州苗族侗族自治县，南毗广西壮族自治区三江侗族自治县、龙胜县，西连贵州省黎平县。历史上，通道县为楚越分界的走廊地带，素有“南楚极地”“百越襟喉”之称。通道县东西宽 58 千米，南北长 68 千米，总面积为 2239 平方千米，占全省总面积的 1.4%。主要有以侗、汉、苗、瑶为主的 14 个兄弟民族，其中侗族占总人口的 78.3%。通道县是湖南省成立最早的少数民族自治县，是典型的老少边穷地区，2002 年 2 月被列入国家新一轮扶贫开发工作重点县。①

## （二）通道县旅游资源

通道县旅游资源丰富，旅游开发前景广阔。就自然资源而言，通道县拥有万佛山丹霞地貌群、原始次森林、亚热带沟谷雨林风景及漂流河谷等。就人文资源而言，通道县拥有以侗族传统文化为特色的地域特色文化。包括体现了侗族的居住文化和建筑艺术的以吊脚楼、鼓楼、花桥、凉亭等为代表的建筑，以侗锦、侗帕、侗服等为代表的穿着文化，以琵琶侗戏、侗歌、哆吔、芦笙舞为代表的民族文化艺术，以抢花炮、射弩、高脚马等为代表的民族传统体育运动，以腌鱼、腌肉、油茶、苦酒等为代表的民族饮食文化，以坐夜对歌、自由恋爱为代表的婚姻习俗，等等。就红色文化而言，通道在党的光辉史册上占有重要一页。长征途中，中国共产党在通道县召开了著名的“通道会议”，在危亡关头，进行了伟大的战略转移，挽救了红军，挽救了党，挽救了中国革命，史称“通道转兵”。此外，通道县经过近年来的建设，交通、通信、水电等基础设施都有极大改善，为发展旅游打下了坚实基础。

---

① 该部分内容主要来源于通道侗族自治县新闻网之“县情介绍”（http：//www.tongdaonews.com/Info.aspx？Id=33761&ModelId=1）。

## 二、通道县旅游发展措施及其成效

### （一）旅游发展措施

通道县重视旅游整体规划，2009 年邀请了魏小安、叶文智等国家、省、市知名旅游专家和成都来也旅游发展股份有限公司等机构，勾画全县旅游开发蓝图。编制完成了《通道县旅游发展总体规划》《万佛山景区、将军岩景点控制性规划》《皇都侗寨修建性详细规划》《芋头古侗寨控制性详细规划》《通道县双江河两岸详细规划》《万佛山·侗寨风景名胜区总体规划》，编撰上报了《湘黔桂三省坡侗族文化生态保护实验区规划纲要》，建立了较为完善的旅游规划体系，为此后旅游业发展提供了科学蓝图。

在具体政策方面，通道县很早就采取了一系列鼓励发展旅游业的政策措施，并取得了一系列成绩。早在“十一五”期间，旅游业就被确定为通道县着力发展的四大产业①之一，并提出了打造“侗族文化圣地”“依托生态，突出文化，融入桂林”的旅游发展思路。在具体项目建设上，完成了万佛山·侗寨国家重点风景名胜区详细规划，万佛山丹霞地貌和百里侗文化长廊被分别列入国家自然遗产和文化遗产申报目录。新增国家 3A 级旅游景点 2 处、2A 级 1 处，侗族风情被评为“新潇湘八景”，通道县被评为中国最佳休闲旅游县。“十一五”期间共接待游客 127.5 万人次，旅游收入 2.48 亿元。②

2009 年起，通道县在总结经验的基础上将发展旅游业提升到了发展战略的高度，提出了“生态立县，旅游兴县”的发展战略，代替了之前的“生态立县，产业兴县”战略。此后，虽然不同时期通道县的发展战略在具体内容上略有不同，但“旅游兴县”一直得以坚持。这充分说明，发展旅游业符合通道当地实际，得到了历届县委、县政府的高度认可。

---

① 四大产业包括林业、种草养畜、旅游和中药材。

② 数据来源于《通道侗族自治县 2008 年政府工作报告》。

## （二）旅游发展成效

在国家、湖南省和怀化市旅游扶贫政策的引导下，通道利用自身优越的自然和人文资源禀赋积极发展旅游业，并取得了显著成效。早在“十二五”期间，通道县在怀化市两个统筹、三大集中、四项整合①的旅游发展总思路指引下，大力发展旅游业，实现了旅游业各项核心指标的快速增长。

由表5-1可以看出，“十二五”期间，通道县的游客人数和旅游收入分别取得了年均约48.3%和35.7%的较快增长，2015年的游客人数和旅游收入分别达到了整个“十一五”期间的2.11倍和5.75倍。这说明在“十一五”的基础上，通道县的旅游业进入了发展的快车道。

表5-1 2011年、2015年旅游人数及旅游收入情况

| 年份 | 游客人数（万人次） | 旅游收入（亿元） |
|---|---|---|
| 2011 | 78.5 | 4.7 |
| 2015 | 268 | 13.1 |

数据来源：《通道侗族自治县2012年国民经济和社会发展统计公报》《通道侗族自治县2016年政府工作报告》。

由表5-2可以看出，至“十二五”结束，通道县的旅游收入占地区生产总值的比重已上升至38.8%。地区生产总值年均增长1.446亿元，但旅游收入年均增长则高达1.68亿元，说明旅游业已经成为通道经济增长最重要的引擎之一，同时也说明旅游业对经济增长的贡献在逐年增强，旅游业在产业融合发展中的中心地位日益明显。

① 两个统筹：一是城乡统筹，二是线路统筹。三大集中：一是旅游产业要素向古城古镇古村落集中，二是旅游产业要素向旅游城镇集中，三是旅游产业要素向旅游线路集中。四项整合：一是旅游品牌的整合，二是区域整合，三是物质及非物质文化遗产旅游要素的整合，四是景区的整合。

表 5-2 2011 年、2015 年旅游收入占 GDP 的比重

| 年份 | 地区生产总值（亿元） | 旅游收入（亿元） | 旅游收入占地区生产总值比重（%） |
|---|---|---|---|
| 2011 | 26.53 | 4.7 | 17.7 |
| 2015 | 33.76 | 13.1 | 38.8 |

数据来源：《通道侗族自治县 2012 年国民经济和社会发展统计公报》《通道侗族自治县 2016 年政府工作报告》。

在“十二五”旅游业发展的基础上，2016 年和 2017 年，通道县的旅游业发展继续保持了较快增长的势头。

由表 5-3 和表 5-4 可以看出，和“十二五”期间相比，2016 年和 2017 年通道县旅游业的两项核心指标增长得更为迅速，两年均保持 40%以上的增速，远远超过了同期地区生产总值的增速，说明旅游业对整个地区经济发展的带动作用越来越强。至 2017 年，旅游收入占地区生产总值的比重达到了 63.88%，旅游业在地区经济发展中的核心地位进一步确立。

表 5-3 2016 年、2017 年旅游人数及旅游收入增长情况

| 年份 | 游客人数（万人次） | 旅游收入（亿元） | 比上年增长（%） |
|---|---|---|---|
| 2016 | 347 | 18.4 | 40.46 |
| 2017 | 458 | 26.7 | 45.11 |

数据来源：《通道侗族自治县 2017 年政府工作报告》《通道侗族自治县 2018 年政府工作报告》。

表 5-4 2016 年、2017 年旅游收入对地区生产总值的贡献

| 年份 | 地区生产总值（亿元） | 比上年增长（%） | 国内旅游收入（亿元） | 比上年增长（%） | 旅游收入占地区生产总值比重（%） |
|---|---|---|---|---|---|
| 2016 | 36.6 | 8.41 | 18.4 | 40.46 | 50.27 |
| 2017 | 41.8 | 14.21 | 26.7 | 45.11 | 63.88 |

数据来源：《通道侗族自治县 2017 年政府工作报告》《通道侗族自治县 2018 年政府工作报告》。

总体而言，2011 年“十二五”规划以来，通道县的旅游业一直保持着快速稳定的增长势头，旅游收入占地区生产总值的比重逐年增大。这表

明，将旅游业作为通道县未来经济发展的主要方向是可行的，通过发展全域旅游建立防返贫机制也是可行的。

## 三、 通道县旅游扶贫与防返贫实践

### （一）通道县贫困成因

由于地理环境等原因，通道县的扶贫攻坚工作任务繁重，困难重重，主要表现在以下几个方面：

首先，地理位置相对偏远，区位条件相对较差，交通出行不便。在公路交通方面，在 2013 年年底怀通公路建成通车前，县内只有 209 国道线贯穿南北，到怀化的车程长达 3~4 个小时。怀通高速建成通车后，通道县向北到怀化市的交通条件相对改善，至怀化市的车程缩短了近一半。但是，南下广西桂林的高速公路至今尚未通车，使通道县通过广西连通粤港澳的交通成本大为提高，成为制约通道县经济发展的一个重要瓶颈，尤其对通道县旅游业的发展造成了一定的不利影响。在铁路交通方面，通道县县内虽然也有铁路过境，但仅有少数几列低速列车停靠通道县火车站，对通道县旅游业及其他产业发展的支持力有限。

其次，通道县县内山大沟深，沟壑纵横，对农业等其他产业的发展形成制约。通道县位于湖南省、贵州省和广西壮族自治区三省（区）交界处，并且是云贵高原东缘向南岭山脉过渡地带和雪峰山余脉向西南延伸地段。这种地理环境造成通道县县内沟壑纵横，耕田面积狭小，难以进行现代化、规模化工农业生产。近年来，通道县致力于发展全域旅游，希望通过发展旅游产业来带动其他产业的发展，但这种地理条件显然对于特色农业、特色手工业的机械化造成制约，影响产品利润空间，进而在一定程度上制约了生产经营者的积极性。

最后，群众观念相对封闭，参与意识相对较弱，对要求各要素参与的全域旅游形成一定制约。多年以来，尤其是精准扶贫以来，通道县根据不同乡镇、不同贫困户的特点，探索实施了多种扶贫模式，但是要使各种扶贫模式相互结合、发挥出综合效力，使各种扶贫项目在贫困户手里落地生根、发展壮大、产生持续的增收效益，这些扶贫模式、扶贫项目就必须紧紧围绕核心产业，即旅游产业。但是，目前通道县旅游业还处于全域旅游的起步阶段，有一部分群众还未能享受到旅游发展带来的实惠，因此其参与旅游建设的主动性和积极性不高，甚至因为大量游客进入造成当地交通、环境压力而对发展旅游有一定的抵触情绪，进而对发展全域旅游形成一定的制约。

上述 3 个方面既是通道县普遍贫困的主要原因，也是影响脱贫攻坚工作效益的主要因素。

### （二）旅游扶贫及防返贫成效

党的十八大以来，党中央和国务院明确提出“旅游业是稳增长的重要引擎、惠民生的重要抓手、生态文明建设的重要支撑、繁荣文化的重要载体”，旅游业在国民经济和社会发展中的重要战略地位更加凸显。近年来，随着扶贫、脱贫工作的日益深入，旅游扶贫作为一种重要扶贫模式得到了各级政府的重视。就国家层面而言，党的十八大以来，原国家旅游局先后发布了《关于印发乡村旅游扶贫工程行动方案的通知》（旅发〔2016〕121 号）、《国家旅游局关于进一步做好当前旅游扶贫工作的通知》（旅发〔2018〕27 号）等文件，对全国的旅游扶贫作了工作部署。

在原国家旅游局的政策引导下，各省政府作出了积极回应。就湖南省政府而言，2016 年 6 月，湖南省旅游局、湖南省扶贫开发办公室出台了《关于实施乡村旅游精准扶贫工程的意见》，该意见对湖南省发展旅游扶贫作了具体部署。按照该意见要求，“到 2020 年，武陵山、罗霄山连片特困地区 13 条文化生态旅游精品线路全部建成，实现 51 个贫困县全覆盖 531 个旅游扶贫重点村全部脱贫致富，力争辐射带动全省 1000 个贫困村脱贫致富。全省贫困地区接待游客 3 亿人次，实现旅游总收入 2700 亿元，全省通过旅游直接和间接减少贫困人口累计 100 万人（约占全省贫困人口的

20%)，实现贫困地区农民年人均可支配收入达到10000元以上，带动就业人数累计达40万人”。①这是湖南省对旅游扶贫的总要求和总部署，说明湖南省对旅游扶贫效益给予了充分肯定。

怀化市“十二五”旅游产业发展规划提出的旅游发展思路之一就是城乡统筹发展，这里虽然没有明确提出旅游扶贫，但这一思路的实施势必在很大程度上起到扶贫的作用。“十二五”期间，通道县在这一旅游发展思路的指引下，在城乡统筹发展方面取得了一系列成绩。事实上，“十二五”期间通道县在旅游扶贫方面已经取得了较好成绩，例如2014年通道县9个村入选国家级乡村旅游扶贫重点村，2015年通道县旅游扶贫经验在湖南省全省推广。“十三五”期间，通道县的旅游扶贫成效进一步显现，仅2016年上半年，投入旅游建设资金1.4亿元，带动362名贫困群众参与旅游开发，人均增收4000元以上。2016年，旅游业间接就业人数达6万人，农家乐数量由24家增加到140余家，旅游商品销售总收入由7.49亿元增加到超过14亿元，万佛山、皇都等主要旅游点的农民人均可支配收入基本实现翻番。

防返贫的核心要义是改变贫困人口的“来血”方式，将扶贫模式下的“输血”改变为防返贫模式下的自我“造血”，不断增强贫困人口的“造血”功能。为此，通道县提出了“旅游‘二次创业’”战略目标，着力实施3个“三年行动计划”，力图走出一条产业融合发展的旅游兴县之路。一方面，旅游业融合发展，为有劳动能力的贫困人口提供了在家门口就业的机会，实现了自我“造血”。另一方面，旅游业可以带动其他产业融合发展，尤其是全域旅游的发展，使各种生产要素的价值得以挖掘，这样就使丧失劳动能力者以自己占有的生产要素参与旅游发展成果分配成为可能，从而使这部分贫困人口实现了自我“造血”。同时，旅游业尤其是全域旅游的发展，使村集体经济得以发展壮大，从而使村集体能够对突发性大病、意外等偶然性致贫情形进行及时干预，加强当事人的自救能力，形成防返贫的第一圈篱笆。

---

① 湖南省旅游局办公室：《湖南省旅游局 湖南省扶贫开发办公室关于实施乡村旅游精准扶贫工程的意见》，2016年6月23日。

虽然目前通道县还没有明确提出发展全域旅游、建立防返贫机制的口号，但发展全域旅游在事实上已经达到了加强贫困人口自我“造血”功能的目标，在一定程度上实现了防返贫的功能。

## 四、 通道县旅游扶贫与防返贫经验启示

“全域旅游是将特定区域作为完整旅游目的地进行整体规划布局、综合统筹管理、一体化营销推广，促进旅游业全区域、全要素、全产业链发展，实现旅游业全域共建、全域共融、全域共享的发展模式。”① 发展全域旅游，就是要“推动旅游业从门票经济向产业经济转变，从粗放低效方式向精细高效方式转变，从封闭的旅游自循环向开放的‘旅游+’转变，从企业单打独享向社会共建共享转变，从景区内部管理向全面依法治理转变，从部门行为向政府统筹推进转变，从单一景点景区建设向综合目的地服务转变”。② 发展全域旅游不仅要发展旅游产业，更重要的是以旅游业为纲促进全社会、全行业的发展。2016 年 2 月，通道县获批首批国家全域旅游示范区创建单位，这既是对通道县旅游业以往发展成绩的肯定，也标志着旅游业被进一步确定为通道县未来经济的战略性支柱产业，将成为建立防返贫长效机制的重要抓手和重要保障。

从通道县发展全域旅游、探索旅游扶贫、实现旅游业防返贫功能的实践过程来看，主要有以下经验和启示。

### （一）加强融合发展，发挥产业带动作用

根据《国务院办公厅关于促进全域旅游发展的指导意见》（国办发〔2018〕15 号），全域旅游要“推动旅游与城镇化、工业化和商贸业融合

---

① 国家旅游局：《国家旅游局关于公布首批创建“国家全域旅游示范区”名单的通知》，2016 年 2 月 1 日。

② 国务院办公厅：《国务院办公厅关于促进全域旅游发展的指导意见》（国办发〔2018〕15 号），2018 年 3 月 9 日。

发展”“推动旅游与农业、林业、水利融合发展”“推动旅游与交通、环保、国土、海洋、气象融合发展”和“推动旅游与科技、教育、文化、卫生、体育融合发展”。由此可见，发展全域旅游，就是以旅游业为核心，发挥旅游业对其他产业的带动作用。发展全域旅游，就是要以旅游业为纲，促进旅游业与其他产业的融合发展。就通道县而言，发展全域旅游，就是要因地制宜，既要做好整个通道县旅游产业的整体规划，也要根据旅游资源禀赋着力打造具有地域特色的民族文化、红色文化和自然景观旅游精品项目。在发展全域旅游的过程中，通道县紧紧牵住旅游业这个“牛鼻子”，让产业围绕旅游转、产品围绕旅游造、结构围绕旅游调、功能围绕旅游配、民生围绕旅游兴，形成以市域为基础、县域为特色、景区景点为支撑、旅游功能区为载体、旅游走廊为纽带的全域旅游格局。产业融合发展，就是既要加强自然景观旅游产业发展，也要加强旅游业与侗苗等当地民族文化、通道会议等红色文化的融合发展，又要加强旅游业与小手工业、服务业等的融合发展，不断开辟旅游新业态。随着旅游业核心地位的进一步确立，旅游业一会带动传统农业向现代农业转变，促进了县农业科技园区玫瑰综合园、铁皮石斛产业示范园等现代农业项目的发展；二会带动传统工业向生态工业发展，引导发展农副产品精深加工、旅游商品生产、中药材加工等生态工业；三会带动新型城镇化与现代服务业的融合发展，旅游积累的人气，拉动信息、金融、商贸、房地产等服务业快速发展。通过发展全域旅游，不断加强产业融合，创造更多的就业岗位，使有劳动能力的居民获得稳定收入，增强自身“造血”功能，从根本上发挥防返贫的功能。

以皇都侗文化村为例，皇都村紧紧抓住旅游业这个“牛鼻子”，围绕旅游业不断整合村里资源，设立了侗锦博物馆，创意设计、包装、开发侗族服饰、侗帕、彩带、绣包等旅游商品。开发了一批具有浓郁侗族风情的民俗旅游体验项目，如参观侗寨、喝油茶、吃合拢宴、看侗族民俗歌舞表演、欣赏侗锦织造技艺、体验侗族趣味打糍粑、行歌坐夜、侗语学习等，在丰富旅游形式的同时，增加了村民收入。同时，围绕游客需求，皇都侗文化村农民建设旅游生态基地，开发种植猕猴桃、提子、草莓等生态水果，发展旅游民俗客栈、家庭旅馆、农家乐、手工艺品店等，开展生态稻田鱼、土鸡、土鸭、兔子、竹鼠等特色养殖，最终实现农产品向旅游商品的转变，切实提升农产品附加值，有效破解产业结构调整瓶颈。

### （二）发挥能人作用，带动群众获得收益

无论是村民自发组织的合资企业还是村集体经济，能人牵头是确保村民获得收益的重要保障。鉴于这一原因，怀化市在脱贫攻坚工作中提出了“资金跟着贫困户走、贫困户跟着能人走、能人跟着项目走、项目跟着市场走”的“四跟四走”脱贫思路。虽然这一思路是针对扶贫、脱贫工作提出的，但因为人的能力差别是现实存在的，因此其对于未来建立防返贫机制仍然有效。以皇都侗文化村为例，皇都侗寨头寨支书欧俊楼及其妻子二人利用其侗族大歌传承人的特长和优势，组建了皇都侗文化艺术团。至2016年，这一艺术团有演员30人，其中20人是固定的、10人是临时的。演员都是村民，平时忙农活，有任务时演出。演员固定工资每月1300元，每演出一场增加25元。淡季每天1场，旺季每天2场，节假日还有包场提成。这样算下来，每名演员一个月可获得演出收入2000~3000元。通过皇都侗文化艺术团，可带动30户贫困家庭脱贫。

### （三）量化生产要素，共享旅游发展红利

全域旅游要求全社会参与、全民参与、全要素参与旅游业。在全域旅游发展过程中，每个社会成员都是旅游发展的参与者，因此有权利共享旅游发展的成果；每种生产要素都是发展全域旅游不可或缺的因素，因此有必要按照生产要素分配旅游发展成果。就可能出现的返贫而言，缺乏劳动能力者是最大的潜在人群。鉴于此，要防止脱贫后返贫，一个重要方面就是确保这部分丧失劳动能力者可以分享到旅游发展成果。为此，要对各种生产要素进行量化，并按照这些丧失劳动能力者对生产要素的占有比率进行旅游收益分配，确保他们有稳定的收入。例如，在“景区带村”中，这部分人可以通过租赁自有土地获得收益；在“能人带户”中，这部分人可

以通过出资占股或出租土地、房屋等方式参与旅游发展，进而获得收益。

以皇都侗文化村为例，村委会科学制定利益分配机制，通过资源入股分红和积分评比分红，实现利益联结、景区发展、农户受益。在资源入股分红方面，将合拢宴、风情街等分配到户经营，老百姓以资源入股旅游公司或合作社等，每年村集体提留后，按股分红给老百姓；在积分评比分红方面，建立积分评分机制，实行民族文化保护、景区旅游开发评分评级奖励制度，对村民保护传承民族文化、文明卫生、参与旅游开发公共项目等情况进行综合评级打分，每年从景区集体收入中拿出一定比例，按评分情况对村民给予分红奖励。群众参与景区旅游开发的积极性很高，形成了“人人都是景区主人，个个参与景区开发，家家成为民俗博物馆，户户都是文化保护场所”的浓厚氛围，村民自觉成为皇都侗寨景区的参与者、建设者和保护者。这一分配制度，一方面有利于鼓励全体成员共同致力于发展旅游业，另一方面也为个别丧失劳动能力者开辟了获得稳定收益的途径。

### （四）壮大集体经济，铸牢防返贫藩篱

农村基层组织——村委会是防返贫的最基层组织，也是第一责任人。村委会要履行好防返贫的职责，就必须有牢固的责任意识，必须有强大的集体经济作支撑。全域旅游需要全民、全社会各种要素的共同参与，区域内的村集体组织无疑是重要的参与者。农村基层组织可以通过集体所有的生产要素参与旅游产业，或者以村集体的名义发展“旅游+”相关产业，发展和壮大村集体经济。村委会要积极整合村集体所有的土地、森林、劳动力等资源，采取存量折股、增量配股、土地入股等多种形式参与旅游开发，盘活各种资源要素，形成资源叠加效应，提高资源利用率，发挥集体资源效益。同时，要使用好村集体资金，通过资金变股金等方式，在整合村集体资金的同时，增强村集体资金的保值增值能力。更为重要的是，要建立起合理的再分配机制，通过集体经济收入的再分配，实现居民稳定的兜底收入，高度关注潜在贫困户，发现和跟进各种突发致贫群众，并通过村集体经济的再分配，及时给予补助，建立防返贫的最基层藩篱。

# 第六章 夯实基础教育防返贫的纵深防线

## ——以怀化市洪江市为例

建设教育强国是中华民族伟大复兴的基础工程，必须把教育事业放在优先位置，深化教育改革，加快教育现代化，办好让人民满意的教育。发展更好的教育也是保障人民追求美好生活最重要的前提条件。教育作为精准扶贫的根本手段，在阻断贫穷代际传递、提高贫困人口素质和能力、防返贫等方面具有非常重要的作用。教育扶贫也是扶贫同扶志、扶智相结合的重要举措。近年来，洪江市在全面脱贫攻坚过程中高度重视基础教育，积极推进基础教育均衡发展，夯实基础教育脱贫防返贫的纵深防线。分析洪江市基础教育情况，总结洪江市推动基础教育均衡发展促脱贫的经验，针对洪江市基础教育均衡发展面临的后续问题提出对策和建议，将有利于洪江市继续深化基础教育均衡发展，进一步推动脱贫、防返贫工作。

## 一、 洪江市基础教育情况

洪江市地处湖南省西部、雪峰山脉中段、沅水干流上游，总面积 2174 平方千米，总人口 43 万，其中农业人口 36.48 万，辖 20 个乡（镇）、122 个村（社区），其中深渡乡、龙船塘乡为少数民族乡，少数民族占全市总人口的 10.67%，是省级比照扶贫开发重点县（市、区）。全市现有普通高中 4 所、初级中学 7 所、九年一贯制学校 20 所、城镇完全小学和乡镇中心小学 11 所、教师进修学校 1 所、职业学校 3 所（其中公办学校 1 所、民办学校 2 所）、幼儿园 96 所（其中公办幼儿园 28 所、民办幼儿园 28 所、村级简易幼儿园40所)。现有在编在岗教师2966人(不含特岗教师110人、职工66人),其中高中教师612人、职高教师118人、义务阶段教师2202人、幼师34人,小学、初中专任教师分别达1664人、1089人,学历达标率均为100%。截至2018年3月,洪江市共有在校学生(含普通高中学生)36839人,另有职业高中学生3809人、学前幼儿11139人。

2016年7月,洪江市启动全市教育信息化建设项目,在怀化市属于起步较晚的县(市、区)。2016年先期投入350万元,对黔阳一中、芙蓉中学、实验中学共107个班的“班班通”设备进行升级改造,并于2017年4月底完成所有设备的安装调试。后续总投资约3900余万元,对剩余学校于2017年8月底完成硬件建设,在秋季学期正式投入使用。2017年年底洪江市通过组建出口总带宽为1.5 Gbps的教育系统城域网,实现了“三通两平台”的建设。

2017年洪江市政府工作报告明确要用3~5年的时间,打一场漂亮的教育翻身仗;到2020年,实现所有义务教育学校标准化;到2021年,教育综合实力跻身怀化市前5名;到2022年,实现优质均衡的发展目标。

## 二、洪江市推进基础教育均衡发展促脱贫主要做法及成效

近年来,洪江市认真贯彻落实国家、省、市脱贫攻坚工作任务,在基础教育领域大力推进教育扶贫,把推动基础教育均衡发展放在更加突出的位置,积极开展教育信息化建设,推动全市教育现代化,促进教育公平,分享优质教育资源,努力办好更高水平、让人民更加满意的教育,缩小城乡之间、学校之间的发展差距,全力打好教育事业翻身仗。2017年12月,全市52所义务教育阶段学校(不含教学点)综合达标率为100%,小学、初中校际均衡综合差异系数分别为0.442和0.475,县域义务教育均衡发展公众综合满意度达85.9%,顺利通过全国义务教育发展基本均衡县(市、区)评估检查。

### （一）加强领导，强化义务教育均衡发展责任

洪江市委、市政府高度重视全市教育事业，成立由四大班子共同参与的教育工作领导小组，健全以党政定期议教制度、现场办公制度、市领导联系学校制度、督导评估制度、部门支教制度“五制”为核心内容的长效制度。始终把教育工作作为首要的民生任务来落实，将推进教育均衡发展纳入全市“十三五”发展规划，并写入每年政府工作报告。建立市委常委会、书记办公会、市政府常务会、市长办公会每月“议教”制度，要求均衡配置城乡中小学校教师、设备、图书、校舍等各项资源，优先报批学校建设用地，推进义务教育实现更高水平的均衡发展。同时，先后制定下发《中共洪江市委、洪江市人民政府关于建设教育强市的决定》《洪江市加快推进义务教育均衡发展实施方案》《洪江市提升教育教学质量“五年行动规划”（2017—2021 年）》《洪江市中小学校教师队伍管理办法（试行）》等 10 余个文件，形成了党政重视、部门协作、社会支持的义务教育均衡发展格局。

### （二）保障投入，坚持教育经费优先安排

严格按照“两个比例、三个增长”的要求，牢固树立“举债办教育”“穷县办大教育”的理念，坚持教育经费优先安排、优先拨付，确保教育经费投入到位。2015 年，公共财政教育支出占公共财政支出的比例为 18.26%；2016 年，公共财政教育支出占公共财政支出的比例为 19.27%，比 2015 年高出 1.01 个百分点，实现逐年增长。2016 年公共财政教育支出比 2015 年增长 12.98%，公共财政教育支出的增长比例高于财政经常性收入的增长比例 11.54 个百分点。2016 年，生均公共财政预算教育事业费支出比上年提高 1242.8 元，预算内公用经费支出比上年提高 2059 万元，生均公共财政预算公用经费支出比上年提高 392.6 元。同时，严格落实各项教育发展专项资金，2017 年年初预算民办教育发展专项资金 10 万元、教育督导经费 20 万元。2015—2017 年，为中小学置换债务 3354.2 万元，高

中学校偿还贷款利息 228 万元。2017 年起，为公办幼儿园按每生每年 300 元预算学前公用经费，做到了逐年提高。

### （三）配足资源，促进城乡办学条件均衡

积极改善办学条件，2014—2016 年，先后完成 22 所合格学校建设，维修改造学校 49 所。2017 年，重点完成 11 所合格学校、15 个重点项目工程、5 所全面薄改项目、覆盖 36 所乡（镇）学校的教育基础建设项目建设，城乡学校办学硬件差距逐步缩小。投入 3348.4 万元，为 25 所学校修建教师公租房 677 套，有效改善农村教师住宿条件。针对安江镇和黔城镇“一市两城”的教育格局，在安江城区实施安江一完小和市六中整体扩建工程（新增学位 1800 个），在黔城城区新建九年一贯制学校——隆平学校，使全市城乡义务教育学校的办学基础条件全面提档升级。同时，先后投入 3611 万元，重点为薄弱学校配足各学科教学仪器以及计算机、图书等设备；投入 4382 万元，完成教育信息化“三通两平台”建设，计算机、“班班通”、生均拥有图书基本达标，物理化学、音体美等六大功能室基本配备。

### （四）强化队伍，完善奖励机制，教育师资水平明显提升

一方面，狠抓师资补充。2014—2017 年，招聘特岗教师 133 人，定向委培分配 72 人，面向社会招考教师 172 人，引进外县市骨干教师 36 人，大部分补充至农村学校任教，有效缓解了教师在学科和年龄结构上分布不均衡的问题。特别是 2017 年起，通过对新招录的“双一流”院校本科生和研究生每人给予 15 万元住房补贴的激励措施，签约教师 26 名。另一方面，狠抓素质提升。每年按教职工工资总额的 1.5%，足额预算教师培训经费。每年安排 300 多万元教师培训专项经费，2015—2018 年，培训教师 2 万人次，有力促进了教师素质和教育教学质量的整体提升。目前，全市小学、初中专任教师学历合格率均达 100%。2015 年来，洪江市教育局先后被评为“‘国培计划’（2017）送培到县示范培训项目实施工作优秀组织

单位”“全省中小学教师远程培训工作先进单位”“湖南省中小学教师网络研修工作先进单位”，并被确定为怀化市唯一一个“湖南省2017—2019年教师发展中心转型发展试点单位”。

在全面落实教师基本工资、武陵山片区教育人才津贴、乡镇工作补贴等基本待遇的基础上，每年为每位教师安排2000元年终绩效考核奖，将班主任经费提高到每人每年4000元，设立名师工作室并安排30万元专项经费。开展“洪江市最美乡村教师”评选表彰活动，评选教学名师、学科带头人、骨干教师和优秀教师。实施洪江市“三名工程”，开展“名学校、名校长、名教师”评选表彰活动。实施高考奖励，每1名应届毕业生考上全国十大名校，给予学校相关管理人员、所在班级班主任及各科任教师共3万元奖励，并按20万元/生的标准重奖被清华大学、北京大学录取的新生及相关学校、教师。同时，着力推荐教师当选为党代表、人大代表和政协委员，每年吸收部分优秀教师加入党组织，推荐教师当选劳动模范，着力调动广大教师教书育人、干事创业的激情。

### （五）促进公平，保障学生平等接受义务教育的权利

制定出台《关于切实解决异地务工人员随迁子女接受义务教育问题的若干意见》，对外来务工子女就读开设“绿色通道”，做到与本地学生同等对待。制定下发《关于做好我市黔城、安江城区适龄儿童小学招生入学工作的实施意见》，有效遏制了义务教育“择校热、择班热”，解决了市内义务教育学校大班额问题。通过宣传《义务教育法》、困难家庭助学、家访劝学等一系列措施，2014年以来，累计发放各项教育补贴6230万元，社会慈善捐款达300余万元，资助贫困中小学生3万多人次，确保了全市小学适龄人口入学率和在校生年巩固率均保持在99%以上、初中在校生年巩固率保持在98.8%以上、三类残疾儿童入学率达97.1%。

### （六）抓好改革，特色办学活动有声有色

每年安排课改经费200万元，各校通过承担洪江市级以上研究课题，

由骨干教师引领，抓实新课程改革，逐步探索出符合学校自身特色的办学模式。2014 年以来，主持、参加省级以上课题 15 个、怀化市级课题 12 个，7 所学校被评为怀化市课改样板校。同时，充分利用乡村学校“少年宫”，立足当地文化资源和地方特色，利用师资优势，突出“一校一品”。安江二完小“稻都文化”让“隆平精神”润物无声；黔城完小“古诗韵律操”“与经典同伴、与圣贤为友”；深渡中心学校结合苗族特色，把武术操和竹竿舞引进校园，并与澳门一所学校达成交流机制；太平乡中心学校创造性开设种植课程，以班级为单位，形成班级负责种养基地，成为湖南省农村中小学劳动实践场所；龙船塘瑶族乡中心学校把“瑶文化”请进校园，让学生说瑶话、唱瑶歌、跳瑶舞；托口中学荣获全省唯一一个“全国未成年人思想道德建设先进单位”，全国、全省乡村学校少年宫建设现场会先后在该校召开。全市中、小学生体质健康及格率分别达 99.1% 和 99.4%。

## 三、洪江市基础教育均衡发展面临的后续问题

### （一）教育经费仍存在不足

洪江市财政严格教育经费“三个增长、两个比例”的要求，但每年增幅依然较低，教育经费依然存在缺口，不能完全满足义务教育均衡发展的需要。根据国家、省、市关于义务教育均衡发展要求，按照实际学生人数核定拨付，以小学生每人每学期 600 元、初中生每人每学期 800 元的标准拨付学校公用费用，特别是 2017 年开始对公用经费不足 20 万元的中心小学、初中学校（含九年一贯制学校），按 20 万元/所预算拨付，超过 20 万元/所的，据实拨付。但目前学校接受的社会捐助、集体经济收入较少。在实地调研座谈中，中心学校校长均反映，因学校基础设施建设或维护、教师赛课奖励、教师培训出差等，一些学校仍然存在经费紧张，难以保证正常运行的问题。

## （二）城乡校际教育仍不均衡

黔城、安江城区的中小学与各乡镇中心学校及村小学（集中教学点）的校园环境、教师素质、学校管理、教学质量、校园文化氛围等方面还存在较大差距。主要问题为：

1. 乡镇学校优质生源严重流失

除偏远洗马中心学校外，其他乡镇中心学校都存在优质生源严重流失的问题。分析其原因，其一是目前农村小学生数量暂时性地出现缩减，村级学校和教学代办点正在逐步取消；其二是乡镇中心学校和村小学（集中教学点）在办学条件、师资力量和教学质量方面与城区学校存在较大差距，有些重视孩子教育的父母选择送孩子到城区学校读书；其三是小学升入初中时，四中、芙蓉中学等较好的城镇中学从乡镇中心学校招收了大量优质毕业生，乡镇学校优秀的小学毕业生流向其他优秀城区学校的比例高达20%~30%。农村学校缺少“领头羊”学生，导致农村学校教师的教学工作不能有效地开展，教师的工作积极性和热情受挫，严重影响了乡镇中心学校的教学质量和教学效果。

2. 城镇学校出现“大班额”和“择校风”问题

调研中发现，来自城区和农村的学生主要涌向教育教学质量口碑较好的城区优质学校，导致一定程度的“择校风”，城镇学校也出现“大班额”问题。尤其是目前二孩政策的实施，加上农村的家长也为了孩子的教育进城选择黔城完小、安江二完小、芙蓉小学等质量好的城镇学校，给城区小学带来了很大的招生压力。

3. 城乡学校的教学质量不均衡，乡村学校优质教师资源流失

乡镇中心学校和村小学（集中教学点），与城区学校相比，在办学条件、师资力量和教学质量等方面存在较大差距，尤其是乡镇中心学校留不住优秀教师。有些乡中心学校的校长反映，乡镇中心学校已成为城区学校培养优质教师的摇篮，年轻的教师刚刚被培养成为农村学校骨干教师，就被调入市里好的城区学校，或者是以常年“借调”的形式在城区学校教学。

## （三）基础设施仍有薄弱

在实地走访调研中，各学校占地面积基本满足需求，但教师公租房、学生宿舍、学生食堂、学生饮用水、热水设备、塑胶操场跑道等都存在不同程度的不足。比如，群峰乡中心学校存在的主要问题是：①饮用水管道设备因年代久远，经常出故障，无经费和人员维护修理，无法满足师生正常使用；②教学楼屋顶瓦面破损，雨天漏雨；③校园紧靠山不封闭，有安全隐患。岩陇乡中心学校存在的主要问题是：①教师办公条件简陋，教师办公场地拥挤，办公桌椅陈旧；②学生宿舍紧张。湾溪乡中心学校存在的主要问题是：教师公租房紧缺，目前是两人住一套。洗马中心学校存在的主要问题是：教学大楼急需修建，学生宿舍需扩建。塘湾中心学校存在的主要问题是：①教师公租房紧缺，目前 2~3 名教师住一套房；②学校大门紧邻国道，校门口没有停车场地，学生放学乘车存在安全隐患。深渡中心学校及洗马中心学校寄宿条件不配套，生活设施有待改善，无法满足学生正常住宿需求。小学代办点及村小同村级活动中心混用，地理位置偏远，师资力量严重不足。如洗马乡鼓楼坪村教学点，教室由寺庙改建，80 个学生只由 3 名教师负责，条件极为艰苦。调研走访的乡镇中心学校操场都没有塑胶跑道。

## （四）教师队伍结构不尽合理

1. 高学历教师占比不高

受益于定向培养及特岗教师招聘，教师学历结构基本达标。大专及以上学历占比达 94.21%，但研究生及以上学历教师占比仅为 0.8%；高中（含中专）学历占比有 7.9%，主要集中在学校职工。

2. 农村中小学教师年龄结构不合理

在访谈中，各个学校都反映，近 3 年及未来 3 年是教师退休高峰期，在教师年龄结构上，将会出现“年老”和“年轻”两个极端。

3. 性别结构失衡愈加突出

教师队伍中，男女占比分别为48.3%、51.7%，但在近3年的招聘中，女性教师占比达到80%以上，特别是2017年新进教师中女性竟然高达86%，教师男女比例严重失衡。

4. 教师学科不均衡，且城乡分布不均衡

数学、语文、英语等学科教师占大多数，物理、化学、生物、计算机、音乐、美术等专业学科教师相对较少，且城乡分布不均衡。英语、物理、化学、音乐、美术师资农村严重缺乏，存在以非专业的教师兼职代课或者改上其他课的现象。物理、化学教师占比仅为5.31%。主要原因是特岗教师招聘中，未规定相关学科，主要考虑学历及教师资格证等条件，加上教师待遇不高，造成教师队伍结构性缺编问题严重。

## （五）教师培训和流动机制不健全

1. 教师培训机制单一

教师培训主要集中在国培和省培等线上培训，培训任务以三年修满学分的视频及教学备课辅导为主；线下培训、农村学校“老带新”活动较少，导致年轻教师成长较慢。

2. 教师交流比例仍然较低

城区学校和交通便利、基础较好的学校教师严重超编，偏远中心学校和交通不便、基础设施较差学校则存在有较多教师长期“借调”的现象，学校之间的教师交流主要集中在培训。在访谈中还得知，有些乡镇中心学校虽不超编，但学校学生人数减少，导致教师教学工作量少，有些学校甚至安排学科教师到学校商店工作，存在教师资源浪费现象。

3. 职称评定需改革

在职称评定上，座谈中教师普遍反映农村学校是培养教师的摇篮，农村学校比城区学校容易评定职称。但由于学校职称都有相应职数要求，高级职称职数少，多数教师在中高级职称的评定上还存在“排队”现象。特别是女性高级教师原则上延长至60周岁退休，高级职称岗位周转更加缓慢。目前，女性高级教师到55岁退休年龄时延聘的决定权不在校方或教育局，而在教师个人。这样一来，工作轻松的学校教师选择延聘，而教学工作任务重的学校教师则选择退休，影响了学校人事的合理调配和教师工作积极性的提高。

4. 教师补贴政策细则需再修订

为了让乡镇中心学校留住师资，市委、市政府为乡村学校教师发放补助。有些学校因划在县城片区内而不能享受补助，而与此学校地理位置相近的学校则因属于村小则可以享受补助，这些现实存在的问题和现象都影响了教师工作的积极性。

5. 代课教师编制问题亟待解决

在调研中发现，乡镇代课教师长期处于没编制、没工资状态，常年坚守在偏远的、条件艰苦的乡村教育一线，为乡村教育做了很多工作，付出了很多心血。调研中了解到，大部分代课教师都在教学之余积极参加各类培训，不断提高自己，学历已到达教师职业要求。但由于他们没有正式编制，无法参加国培项目，无法参加教师资格证五年验收换证事宜，这些都给他们的教学工作带来了不便。

## （六）城乡学校面临留守儿童教育难的问题

在调研中发现，城乡学校普遍存在留守儿童教育难的问题，乡镇中心学校的留守儿童教育任务更加严峻。原因主要有：①乡镇中心学校留守儿童占比高。有些乡镇中心学校的留守儿童占全校学生人数的80%以上。②留守儿童家长不能有效履行看护教育孩子的义务，学生实际看护人（祖辈亲属）不能很好地配合学校教育孩子。留守儿童的家长出于各种原因外出务工，将看护孩子的任务转移到祖辈亲属身上。留守儿童大多数由祖辈亲属照顾，他们大多溺爱孩子，不能很好配合学校教育孩子，在家校合作教育孩子方面存在很大的困难。比如在湾溪乡中心学校，留守儿童家长不配合学校管理学生使用手机问题；学生家长对于教师严管学生也表现出不理解，对学校教师缺乏应有的信任。③有些留守儿童在心理健康发展上存在问题。在教师访谈中，教师反映有些留守儿童长期缺失父母的陪伴和关心，孩子存在各种各样心理问题，有些孩子性格很孤僻，有些孩子特别容易激动，有些孩子对老师的教育无动于衷，有些孩子对学习不感兴趣，沉迷于手机游戏。这些都影响了整个班级甚至学校的学习氛围。④乡镇学校留守儿童教育难的实际问题，大大挫伤了乡村一线年轻教师的工作积极性。在教师座谈中，有些年轻老师反映，自己要面对留守儿童的学习生活不良习惯、心理健康等问题，以及家长对学校、对教师的不信任和不理解，有些家长甚至无理取闹，这极大地挫伤了他们的工作积极性。

### （七）教育信息化教学应用开展不够深入

教育信息化是推动教育现代化、实现优质教育资源共建共享、促进教育公平、实现教育均衡发展的重要抓手。2017 年，在洪江市委、市政府的领导和大力支持下，全市中小学校完成“三通两平台”项目建设工作。在调研中发现，教育信息化工作仍存在以下问题：①信息技术师资缺乏。城乡学校普遍存在信息技术专任教师紧缺的问题，大多数学校信息技术课程都由其他专业教师兼任。②计算机机房利用率不高。大部分学校虽然已配备很好的计算机机房，但在走访中编写组发现，一些计算机设备被束之高阁。大多数学校的计算机机房利用率不高，学生只有上信息技术课程时才能进入使用。③信息技术课程课时很少。大多数学校都是一周安排一次信息技术课程，而且课程效果不佳。④课程内容简单单一。尤其是初中信息技术课程内容过于简单，有些学校为了学生准备中考，压缩初中生的信息技术课程课时，有些学校甚至占用信息技术课程课时。⑤教师没有办公电脑。除黔城完小外，其余学校教师基本没有配备办公电脑。⑥信息技术与学科课程整合还需加强。通过课堂观察，大部分学校教师上课都只是简单使用 PPT 课件，课件多是教学内容的简单呈现。⑦学校教育信息化建设有待加强。城乡学校没有信息化教学管理系统和教学资源库。⑧教师信息技术教学应用能力培训有待开展。调研中编写组发现，与中年以上教师相比，大部分年轻教师具有很好的教育信息化理念和信息技术，但在教学中应用信息技术的能力还需进一步提升。

## 四、深化洪江市基础教育均衡发展工作思路和建议

### （一）继续加大教育经费投入

市财政依法保障实现教育投入“三个增长”，积极对接中央、省、市项目资金，财政预算可列支单项资金支持乡镇中心学校建设，加强农村薄弱学校改造及教育教学设施建设。积极探索教师绩效奖励管理，争取将教师群体纳入洪江市大绩效考核范围，科学落实农村教师住房、绩效奖、乡镇补贴、人才津贴等各项待遇。重点推进义务教育阶段学校标准化建设，统筹实施学校校舍、教师周转房、学生宿舍楼、学校运动场、学校旱厕改造、义务教育学校技术装备达标等工程建设，确保到2020年，全市义务教育阶段学校达到省级标准化建设要求。另外，建议设立洪江市教育事业发展基金会，面向市内外各界开展各种募捐赞助，实行专款专用，弥补全市教育经费的不足。

### （二）加强校园特色文化建设，因地制宜鼓励特色办学

校园文化是一所学校经过长期发展积淀而形成共识的一种价值体系，即价值观念、办学思想、群体意识、行为规范等，也是一所学校办学精神与环境氛围的集中体现。校园文化建设主要包括物质文化建设、精神文化建设和制度文化建设，这3个方面建设的全面、协调发展，将为学校树立起完整的文化形象。学校的校园文化会潜移默化地影响学生学业和心智的发展。

1. 每个学校挖掘自身独特的校园文化，做到“一校一品”

尤其是乡镇学校，要积极挖掘乡土文化资源优势，因地制宜，创新校本课程，传承乡土文化知识和民俗文化知识。比如深度苗族乡中心学校，

因地取材，将漫山遍野的竹子制作为竹竿，在大课间教学生跳苗族的竹竿舞、武术操，后续计划引入苗族鼓乐。

2. 乡镇学校要加强师生校园文化认同感和归属感

在学校校园文化建设中，要让师生认识、体会到乡村学校相比城区学校的优势，逐渐增强他们对乡村校园文化的认同感、归属感和幸福感。比如太平乡中心学校购买紧邻的耕地，创造性地为学生开设种植实践课程，编写校本教材，以班级为单位，使学生学习到农作物的播种、施肥、收获采摘等种植过程。学生通过参加劳动，不仅学习到了农作物的种植技术和知识，品尝到了杨梅、蔬菜等劳动成果，也真实体会到了付出就有收获的真谛，这些劳技课程都是城市学校很难实现的。通过乡土知识文化的传承，让生长在这块土地上的学生更加熟悉家乡，学习更加接地气，也使他们感受到作为一名乡村学校学生的自豪和快乐。另外，太平乡中心学校还利用市气象局在校园安置的天气预报接收数据装置，为学生开展气象预报数据收集相关知识的实践学习。太平乡中心学校也成为湖南省农村中小学劳动实践基地。

3. 百年老校建立校史陈列馆，传承历史文化知识

百年老校可通过搜集校史、访谈老校友等方式，传承挖掘学校校园历史文化。比如，黔城完小的前身是宝山书院，具有悠久的人文历史背景，黔城完小独特的校园文化可以进一步挖掘和研究。

### （三）关注农村学校优质生源严重流失问题

在调研中发现，在小升初时，由于条件好的城区学校到农村学校招生，并给予优质生一定的奖励，农村学校的优质生源严重流失。据农村学校校长们反映，小升初时，农村学校的优质学生几乎全部被城区教学质量高的学校“挖”走，这给农村学校的初中教育带来很大的影响。由于班里缺乏“领头羊”的好学生，教师的工作热情严重受挫。为此，建议：

1. 调控重点中学在农村的招生名额

市教育局牵头制定相关规定，科学调控城乡重点学校的招生名额，不

允许城区学校用奖励的方式招生，可以采用让学生自愿填报志愿的方式招生。

2. 农村学校想办法留住优质生源

农村学校一是要深化教学改革，向办学质量高的学校取经学习，提升教学质量和升学率。二是要设立奖励机制，奖励留在农村学校继续读书的优质学生，降低教育成本。

3. 动态全程监测转入城区重点学校的优质学生学习情况

市教育局动态全程监测转入城区重点学校的优质学生学习情况，并将情况反馈给农村学校。通过对比分析，让农村学校发挥自身优势，避免自身弱势，推进农村学校向城区学校学习，促进农村学校教学改革。

### （四）加强学校间的交流合作机制

在调研中发现，虽然走访的乡镇中心学校中会存在相似的问题，但在相似的办学条件下，仍然存在出人意料的惊喜，值得去反思。比如乡镇中心学校中普遍存在优质生源流失到城区重点学校的问题，但地处偏远的溪马乡中心学校却不存在此类问题，相反，很多本乡家长都因溪马乡中心学校教学质量高而选择让孩子在家门口继续读书学习。为此，建议：

1. 加强各学校校长间的互动交流

一个学校的校长的治学和管理理念在学校的建设和发展中起着至关重要的作用。全市各学校的管理层，尤其是校长间应加强交流、互动、学习。建议由市教育局牵头，建立学校校长论坛，各学校校长交流分享各自学校成功的办学理念和教学改革举措，互相学习，共同进步，并可达成合作办学意向。

2. 完善中小学“学区制”“联盟制”办学模式，切实缩小城乡教育差距

继续加强洪江市各学校教师教学研讨和交流学习，继续加深与省重点中学长郡中学的合作办学，办好洪江市 8 个“长郡班”，将优质教学资源和教学方法辐射到全市，并通过建设教育品牌名校，带动全市教育工作水平的整体提升。

3. 利用互联网技术加强省内外重点名校的远程交流合作

依托互联网，全市各学校积极开展与省内外知名重点学校的交流学习和合作办学。通过远程线上交流教学改革、教学经验和教学方法，分享好的教学资源库，将有力地推进本地教师教学理念和教学方法上的改进。

## （五）科学布局学校，加强品牌名校分校区建设

随着二孩政策的实施，小学生入学人数将会在近年呈现上升趋势。目前，有些农村家长选择把孩子送到城区重点小学读书，而不愿选择离家近的乡镇中学学校或村小，导致了城区学校，尤其是小学，比如黔城完小、芙蓉小学等学校的招生压力负担过大，“大班额”现象严重。为了满足广大群众的愿望，可以科学选取新校址，比如在某几个乡村交接处，建立品牌名校分校或分部（比如黔城完小分校区）。所有校区由主校区统一管理，各校区教学理念和目标、课程设置、教学要求一致。教师采用主校区与各分校区流动任教机制，有效解决“择校”和“大班额”现象，同时也解决了乡村学校师资匮乏的问题。在保证教学质量的前提下，疏解城区学校招生压力，实现教学优质资源共享，让人民群众满意和放心。

## （六）加强教师管理措施，建立城乡教师交流机制，改革教师职称评聘办法

1. 创新城乡教师交流机制，建立科学的城乡教师交流机制

由市教育局牵头，充分调研后制定城乡教师常规、定期流动细则方案，让教师流动成为常态的工作机制。城乡教师的科学流动，不仅可以充分发挥名师、特级教师的引领和辐射带动作用，也可以使乡村教师通过到城区学校交流任教，快速成长，还可以很好地避免乡村优秀教师因“借调”“交流”等长期“在编不在岗”的现象。通过城乡教师到不同学校的短期交流任教，实现了教师优质资源的共享和均衡配置，有经验的优秀中年教师们可以有效发挥“传帮带”作用，互相学习、共同成长进步；同时，教师们也了解了农村学校和城区学校的实际情况，为一些政策的顺利

实施提供支持。

2. 改革教师职称评聘办法

市教育局、人社局等要积极出台新的职称评定管理办法，避免旧管理办法中的弊端，积极征求教师意见，做到信息公开，明确评聘管理细则。相关职能部门加强过程监督，鼓励竞争上岗，破除职称终身制和职数制，通过科学规范的教师职称评聘办法，激发教师的工作积极性。

3. 科学选拔乡村学校校长人选

校长是一个学校的关键人物，科学选拔校长是学校成功办学的重要前提条件。在调研中，通过校长访谈发现，学校校长的办学理念和思路与学校教学质量呈现直接相关性。继续选拔骨干教师或者本地教师就地提拔担任农村学校校长，实行校长任课“大比武”，校长带头上课、培训、任教，使其管理学校更加“接地气”，推动学校的教学改革。

## （七）拓宽教师补充渠道，加大定向委培生的培养比例

根据国家有关政策、教师学科结构和各学科教师需求，科学设置教师招考内容，提高专业比重，有计划地补充紧缺学科教师；加大定向委培和公开招考的力度，确保教师队伍量与质的提升，满足教育教学需求。特别是继续重点招录“双一流”院校本科生、研究生，并按照洪江市人才引进政策，给予相应奖补。同时，健全教师荣誉体系。继续实施“三名工程”，开展“名学校、名校长、名教师”评选表彰活动；对那些长期坚守在农村基层、教学水平突出的教师，提高绩效待遇，并积极推荐为“两代表一委员”，全方位提高标准、提升教师的社会地位和职业幸福感，留住优秀教师人才。另外，建议市委、市政府制定相关政策，解决乡村代课教师的编制或实际待遇问题，力争实现他们与在编教师同工同酬，让他们继续充满希望和信心地投入乡村教育事业。

调研中还发现，教师队伍中招收的本地定向委培的大学生综合素质高，能安心投入家乡教育教学工作。为此，建议市委、市政府与省内外高校建立密切的帮扶机制，让重点大学、师范院校增加本市定向委培生的招

生数量，为本地教育事业培养优秀的师资后备力量，促进全市教育事业蓬勃发展。

## （八）加强学校教育信息化建设和教育信息化教学应用

1. 建设学校教学管理系统，将数字化校园建设纳入教育工作计划

在调研中教师普遍反映，除教学外，各种填报数据、统计数据、上报数据等工作繁多。学校教学管理系统可以有效提升日常教学工作效率，比如排课、调课、学籍管理、教师信息管理等，并可以方便统计数据和上报数据。同时，提早将数字化校园建设纳入工作计划，通过数字化校园建设推动学校的教育信息化工作，促进教学改革，提升教学质量，为师生营造一个信息化的教学工作和学习环境。

2. 加强两平台资源和本地特色教育资源库建设

两平台资源和教育资源库在教育信息化中起着非常重要的作用，为学校教育信息化提供支撑和支持。调研中发现，学校上下普遍存在教学资源库资料收集意识欠缺等问题。为此，建议学校在平时的教学工作中，除对优秀教师公开课资源进行录制、保存、上传外，加强对本地特色教学资源的资料收集，有意识地使教学工作留痕。比如收集学校开设的乡土课程、传统文化进课堂、瑶族和苗族文化、学生劳动实践课程等的视频和图片资料，不断丰富本地特色资源库。随着特色资源库资源的不断升级更新，最终将好的特色资源分享到网上，让其他城区学校学生学习。

3. 鼓励教师开展教育信息化项目式教学实践研究

教育局拿出专项经费设立相关教育信息化教学应用研究项目，鼓励教师积极申报，通过专家评审，公开评审信息。教师通过项目式教学实践研究，大胆尝试信息技术与学科课程整合，在提升教学质量的同时，提升师生信息素养。

4. 加强教师信息素养培训

积极与省内外名校建立交流学习机制。通过线上远程培训，线下集中培训的方式，更新教师信息意识、教学理念，提升教师信息技术应用能

力，使其更好地开展教育信息化教学实践应用。

5. 完善学校教师信息化设备配备

建议为学校老师配备办公电脑，方便老师开展信息化教学应用，提升教学工作效率，从而促进学校教育信息化工作再上新台阶。

## （九）关注留守儿童教育问题

留守儿童教育问题是一个社会性问题。全市学校都存在留守儿童教育难的问题，尤其是乡村学校的留守儿童占比很高。留守儿童教育不仅需要学校教师花费更多精力和耐心，更要发动全社会的力量共同关注。为此，建议：

1. 依托互联网和信息技术，建立家校合作机制

比如可以组建学校微信群、班级微信群、QQ 群等，与学生家长（包括留守儿童在外务工的家长）建立密切的联系。由于留守儿童家长大多外出务工，学校开家长会可以采用在微信群开家长会的形式，与家长在线互动交流，将学生在校的学习成长情况及时与家长沟通，让家长了解学校治学理念和培养目标，尽可能地配合学校共同关注孩子的成长。

2. 改革创新家长会形式和内容，教育家长重视孩子教育

以往的家长会主要是教师向家长通报学生在校的学习成绩和表现，现如今一线城市的学校家长会的主要目的都是教育家长。因为城市的家长大多过于关注孩子学习，并为孩子的学习和成长产生过多的焦虑，为此，学校家长会以教育家长保持好心态，让家长用一颗平常心支持学校教育，信任学校教育，树立正确的培育理念，有效、正确地配合学校，让孩子健康全面发展。然而，乡村的家长却走向了另一个极端。有的家长迫于生计，离开孩子外出务工；有的家长对孩子教育不够重视，教育孩子意识薄弱；有的家长没有树立正确的关爱孩子的观念，认为外出务工挣钱、为孩子提供物质生活的满足就是真正爱孩子。为此，建议学校家长会以教育家长为目的，开展相关教育和心理的主题教育，让年轻的、在外务工的家长们逐渐明白：教育可以阻断贫困代际传递，给孩子打开一扇通往美好生活之

门；真正的关爱孩子就是要陪伴其成长，配合学校让孩子受到优质的教育，让孩子心智全面健康发展。父母在孩子早期成长中的缺失，会对孩子成人之后的心理方面产生一定的负面影响。通过学校教育，让外出打工的学生家长转变观念和意识，克服困难回到家乡就业工作，陪伴孩子成长，给孩子一个美好的童年。

3. 以美丽乡村“淳化”教育为契机，营造乡村尊师重教文化建设

现今，各乡镇迎来了乡村振兴战略——“美丽乡村”建设的重要发展契机，其中“淳化”是“美丽乡村”建设的重要内涵工作。各级政府要抓住这个机会，通过各种形式对村民开展乡村文化教育，传承优秀的乡土文化、历史文化、国学文化等知识，提升村民综合素质，构筑尊师重教、好学为先的“美丽乡村”文化内涵的大环境。比如溪马乡中心学校之所以能留住优质的生源，其中一个很重要的原因就是整个乡村具有非常浓厚的尊师重教的氛围。

### （十）大力推进学校教学改革，全力提升义务教育教学质量

1. 加强规范学校管理，提升校长素质

学校的规范管理是学校井然有序开展教学活动的基本保障。市教育局要出台或修订相关学校管理条例，保证学校规范管理。校长是一个学校的灵魂人物，校长科学、创新的治学和管理理念，对学校的教育工作是至关重要的。为此，建议校长多参加学校管理论坛和会议，及时学习新理念和新思路，为学校的全面改革做好顶层设计。另外，建议科学给予学校校长管理学校的自主权，激发校长的工作积极性，让校长在学校管理上更加大胆创新。

2. 优化教师结构，提升教师素质

鼓励教师参加各种培训和交流学习论坛，不断提升自身的业务水平和综合素质。开展“一师一优课”、教师教学基本功、信息化教育应用等比赛，通过比赛推动教师改进教学方法、互相交流学习，推进教学与信息技术课程整合，从而提高课堂教学效果。同时，加强教师师德教育，提升教

师的思想素质，使其在为学生输入知识的同时，在学生人生观、价值观形成的关键时期，引领学生心智健康成长。

3. 鼓励教师开展教学研究项目

教学研究项目工作可以有力地推进教师开展教学改革，创新教学方法和模式，提升教学效果。为此，建议市教育局设立教学研究项目基金，鼓励教师申请，在教师完成教学研究项目后，给予相应的奖励。教师通过开展市级教学研究项目工作，积累相关研究经验和成果。可以鼓励他们组成研究团队，尝试申请省级或国家级的教学研究项目，使教师在从事项目研究中不断学习新知识和新方法，拓展工作方法，更新教学理念。

4. 加强督导检查，促进教育均衡发展

建立健全义务教育均衡发展的督导与评估机制，加强对经费投入和合理规范使用、学校办学规范、师资力量配备以及教育质量等方面的督导检查，及时发现问题，及时有效解决，有效地保证义务教育均衡发展。

## （十一）完善教育改革评价机制，形成量性与质性相结合的方式

科学合理的学校教育评价机制可以有效地提升学校教师的工作积极性，提升教学质量。建议市教育局牵头，通过实地调研和论证等方式，制定科学的教育评价机制。建议以升学率、入学率、失学率、转学率为指标，结合教学质量、教学环境、社区反映进行综合评价。

## （十二）加强城乡一体化公共图书馆建设

城乡公共图书馆是全市文化建设的主窗口，是保障人民群众基本文化权益、满足人民群众精神文化需求的主要工作举措。建议推动“政府主导、统筹规划、多级投入、集中管理、资源共享、服务创新”的公共图书馆建设和数字图书馆建设，方便市民和村民在线阅读，多渠道丰富全市人民的文化生活，引导全民形成爱读书、读好书的文化氛围。建议建立“社会公共资源整合”服务体系。以“中心主馆—分馆”的公共图书馆服务体

系为依托，将文化共享工程、公共电子阅览室、职工书屋、农家书屋、各级学校图书室、党员在线教育、中小学在线教育等资源整合起来，通过图书馆专业化管理与服务，将其提供给城乡居民，不仅提升资源的社会效用，还节约管理成本。引导市民和村民注重学校图书馆建设，接收市内外的各种图书捐赠，并拓展学校图书馆的社会教育功能，引导全社会形成爱读书、读好书的氛围。

## 五、 洪江市基础教育均衡发展脱贫防返贫经验启示

孩子的教育，关系到祖国的未来；贫困地区孩子的教育，关系到我国全面建成小康社会的胜利。“扶贫先扶智”决定了教育扶贫的基础性地位；“治贫先治愚”决定了教育扶贫的先导性功能；“脱贫防返贫”决定了教育扶贫的根本性作用。“积财千万，不如薄技在身”“一技在身，终身受益”，教育在促进扶贫、防止返贫方面的作用，可说是根本性的、可持续的。习近平总书记到河北省张家口市考察工作时指出，要把发展教育扶贫作为治本之计，确保贫困人口子女都能接受良好的基础教育，具备就业创业能力，切断贫困代际传递。

百年大计，教育为本。基础教育关系到当地人民科学、人文、道德等素养的提升，也直接关系到当地的各项事业的发展和进步。无论是人类社会的发展历程还是个人的奋斗经历都明确表明，贫困问题与受教育水平低有着非常直接的关系。解决基础教育的均衡发展问题，就是从根本上保证脱贫、防止返贫的有效举措。基础教育需要长期投入和持续重视，需要“功成不必在我”“前人栽树后人乘凉”的胸襟。

### （一）根据实际情况，制定本区域科学合理的教育扶贫政策体系，创新推动教育扶贫工作

科学合理的政策是教育扶贫有序开展的重要保障。我国当前的教育扶贫行动，形成了从中央到地方的广覆盖、全方位的政策框架体系。在国家

层面，我国先后出台了《中国农村扶贫开发纲要（2011—2020年）》《关于实施教育扶贫工程的意见》《国家贫困地区儿童发展规划（2014—2020年）》等政策文件，完成了教育扶贫的顶层设计。洪江市通过政策的不断创新，制定了适合本区域的合理可行的教育扶贫政策，先后制定下发了《学前教育扶贫补助政策》《小学教育扶贫补助政策》《初中教育扶贫补助政策》《中等职业教育扶贫补助政策》《高中教育扶贫补助政策》《高等教育扶贫补助政策》《雨露计划政策》《中共洪江市委、洪江市人民政府关于建设教育强市的决定》《洪江市加快推进义务教育均衡发展实施方案》《洪江市提升教育教学质量“五年行动规划”（2017—2021年）》《洪江市中小学校教师队伍管理办法（试行）》等10余个文件。全市开展教育扶贫工作有依据、有抓手、有目标、有方向。

### （二）更新教育观念，先扶志，重强智，夯实基础教育脱贫和防返贫的纵深防线

教育与扶贫相辅相成，密不可分。在教育扶贫的过程中，教育兼有任务与工具、目标与手段的双重属性。教育始终都是扶贫工作的主要阵地之一。要实现教育扶贫的最大功效，就必然要求加强教育事业自身建设。唯有补齐教育事业发展的短板，实现教育事业的稳健发展，才有可能瞄准贫困靶点持续发力，结出教育扶贫的硕果。同时，将教育作为扶贫的手段、工具或方式，是切断贫困代际传递、有效推进贫困地区治贫脱贫的重要途径。“授人以鱼不如授人以渔”，在实践中，依托教育提高人口素质、开发人力资本、彻底转变贫困文化，有效地改善了贫困地区的整体面貌，切实起到了持久脱贫致富的功效。

### （三）关注乡村学校教育，以教育信息化推动基础教育改革，推进教育精准扶贫

关注农村学校教育、全面改善农村学校基本办学条件、统筹城乡教育资源均衡配置、促进基本公共教育服务均等化是实现教育均衡发展的关键。同时，以基础教育信息化开展教育现代化，推进教育均衡发展，实现

教育公平，让乡村的孩子能受到优质、高质量的教育，获得很好的学校教育体验。为此，应大力开展基础教育信息化建设和教学应用，促使农村学校教育质量全面提升，激活农村学校的活力和后劲，以缩小城乡和区域教育差距。同时，教育信息化有着积极推动教育精准扶贫工作的作用，通过建立信息化、现代化、数字化的数据库和教学平台，实现对数据信息的实时掌握、对教育资源的最精准配置，将扶贫工作精确到个人身上，同时有效获得扶贫工作的反馈、便于扶贫措施的完善，从而更全面、更精准地进行扶贫，打好教育扶贫的攻坚战。

# 第七章 “党建+扶贫”的精准效能与防返贫效果

## ——以怀化市芷江侗族自治县五郎溪村为例

党的十九大提出了“重点攻克深度贫困地区脱贫任务，确保到二〇二〇年我国现行标准下农村贫困人口实现脱贫，贫困县全部摘帽，解决区域性整体贫困，做到脱真贫、真脱贫”的战略目标与时代任务，为我国新时代的脱贫工作提供了引领。经济基础薄弱、基础设施较为落后的革命老区、民族地区与边疆地区是新时代我国脱贫攻坚的主战场。党建工作在脱贫攻坚的过程中往往发挥着全局性、领导性与服务性的关键作用。近年来，湖南省怀化市芷江侗族自治县探索出了以党建为统领、以扶贫为落脚点的扶贫减贫新模式，在党建扶贫方面取得了突出成就。在新时代的历史方位上，总结该地区的党建扶贫经验、探索具有普适性的党建扶贫模式，不仅有利于当地的党建扶贫工作深入开展，还可以为其他贫困地区党建扶贫工作的开展提供借鉴。

## 一、 芷江县五郎溪村基本贫困情况

芷江县是湖南省的省级贫困县。五郎溪村位于芷江县北部，地处云贵高原东源、武陵山南麓。全村辖 15 个村民小组，共 540 户 2008 人。在彻底脱贫之前，与芷江县的其他村落相比，五郎溪村是芷江县人均收入最低、人均耕地最少、海拔位置最高的贫困村。概括来说，五郎溪村的贫困主要有以下原因：首先，就地理方位而言，五郎溪村地处芷江县和麻阳县交界的山区，交通设施、通信设施比较落后，生活生产建设成本相对较高。其次，就增收路径而言，五郎溪村的产业结构较为单一，增收渠道较为狭窄。五郎溪村的支柱产业是农业，全村共有稻田 1520 亩，中低产稻田占了 600 多亩，只能保证口粮自给；全村主要农产品为金银花，种植面积 976 亩，但这一作物的价格受市场影响大，导致种植户增收不稳定。再次，就基础设施而言，五郎溪村共有 7 条通组公路（总里程为 12.5 千米）亟待硬化，4 口山塘需要整治，11 条水渠需要修理，8 条机耕道需要修建。交通和农田水利基础设施薄弱，严重影响了生产效率的提升。最后，就农民思想观念而言，五郎溪村农民的思想观念不够解放，自身发展动力不足，市场经济意识淡薄，在一定程度上存在“等靠要”的思想。

五郎溪村的贫困状况呈现出以下特点：一是贫困面广、程度深。就贫困人口数量而言，截至 2014 年年底，全村仍有建档立卡贫困人口 141 户 503 人、低保人口 194 人、五保户 15 人，很多人仍然处在贫困和极端贫困的境遇。就贫困占比来说，该村的贫困发生率超过 25%，远高于全国其他地区。2014 年，全村人均纯收入仅为 1490 元。二是扶贫投入严重不足。五郎溪村属于老少边穷地区，基础差、家底薄，扶贫攻坚资金主要以财政投入为主，农民的自我“造血”能力不足。官方数据显示，2011 年政府在五郎溪村人均投入的扶持资金为 260 元。三是贫困群众欠缺内生动力。受到传统小农经济保守思想观念的影响，五郎溪村的很大一部分贫困群众难以自觉主动顺应时代变化与发展，存在一定程度的平均主义与“等靠要”思想。四是农村产业发展程度不高。一方面，农业劳动力的大量转移，使产业发展缺乏技术人才和劳动力的支持；另一方面，贫困家庭产业发展主要以户为单位，主动适应市场的能动性不足，抗风险能力差。五是村“两委”领导班子建设有待加强。由于地区发展禀赋难以满足当地人民的生存发展需要，五郎溪村中的绝大多数青壮年劳动力选择外出打工谋生，直接导致村“两委”领导班子的年龄构成严重失衡，需要进一步加强领导班子的各项建设。

## 二、 芷江县扶贫工作新模式探索

党的十八大以来，在“精准扶贫”等思想的引领下、在湖南省与怀化市等各级党委和政府的领导下，芷江县探索出了以党建为统领、以扶贫为落脚点的扶贫减贫新模式。具体包括5个方面的内容：

### （一）以堡垒提升工程增添号召力

一是着力增强管党治党责任。首先，县级党员领导干部带头示范，深入基层调研，指导党建扶贫工作。在具体指导过程中，不断明确村党组织书记是抓基层党建工作的“第一责任人”，并且从严落实三级党组织书记“联述联评联考”和“双述双评”工作。通过这些系列具体措施有效地强化了基层党建工作责任。其次，深入开展无职党员设岗定责、党员积分制管理、党员活动日等活动，引导全县7400余名农村无职党员参与设岗定责。最后，以“党建+小额信贷+”为载体，积极整合“第一书记”、驻村工作组及小额信贷等资源，为13743户建档立卡贫困户进行了授信，向1623户贫困户发放贷款7031万元。“党建+小额信贷+”模式得到了群众的真心拥护。

二是着力建设强大的带头人队伍。首先，村支书人选原则上不超过60岁，一般具有中专（高中）以上文化程度，逐步达到大专以上文化程度。其次，按照1∶2的比例，配备后备村干部1642人。再次，选派22名优秀干部到软弱涣散基层党支部任“第一书记”。在此基础上，芷江县建立了村集体经济发展专项引导资金150万元，对村级活动场所进行了升级改造。最后，积极向各乡镇、县直属有关部门递交《脱贫攻坚责任状》。

三是着力提升基层保障水平。一方面，落实建设扶贫村运转经费，村级组织运转经费达村均12万元，并按每村2万元的标准安排服务群众专项经费。另一方面，继续提高村干部误工报酬，村干部年均误工补贴达14430元。

## （二）以思想引领工程增添原动力

一方面，抓思想教育，发动群众自觉干。近年来，芷江县深入开展“重法制、感党恩、知政策、淳民风”农村思想政治教育专项行动，组织集中宣讲28场次，送党课下基层130场次，编印《扶贫攻坚工作手册》5000余册，张贴各类宣传标语8000余张，进一步引导农村党员群众在思想上“立志”，夯实脱贫攻坚的思想基础。另一方面，抓村规民约，推动群众主动干。如大力开展“树村规民约、倡文明新风”活动，通过村委会与村民签订协议和村民向村委会作承诺的方式，进一步激发了贫困群众脱贫的主动性。

## （三）以素质优化工程增添行动力

一是注重分级分层培训。一方面，芷江县县委党校每年开展不少于3天的村党支部书记、村委会主任集中轮训；另一方面，乡镇负责加强对村“两委”干部、村民小组长和党员的经常性培训，不断增强村干部的思想政治素质和履职能力。二是加强贫困农民培训。芷江县依托劳动力转移培训、技能培训、农民职业培训、“雨露计划”培训等平台，先后培训贫困人口近1.02万人次。三是改进培训方式。芷江县依托农村党员干部现代远程教育资源，建立了“村干部在线课堂”，共培训农民14万余人次，涌现出党员致富能手2100余人。

## （四）以创业先锋工程增添攻坚力

一是大力培育创业先锋集群。首先，引导和扶持农村党员、致富能人通过“一带一”“一带多”等形式带动群众发展产业。其次，充分发挥党员干部的带头作用，使全县4200多名干部职工与全县所有贫困户进行结对帮扶。最后，通过直接帮扶、联建认购、直接入股、电商扶贫等模式，帮助贫困村、贫困户发展以山羊、生猪、肉牛、绿壳蛋鸡、芷江鸭等为主的养殖业，以高山葡萄、野生甜茶、猕猴桃、核桃、香柚等为主的种植业，帮助 6795 户 22938 名贫困人口实现了增收。二是大力发展农村经济合作组织。通过采取党组织领办、党员能人牵头创办等方式，共计发展农村经济合作组织 84 个。三是大力做好技术信息服务。通过选调业务骨干组建专家服务团、定期举办技术培训班、实地指导贫困户学习实用技术、为贫困户提供市场信息等方式，有效帮助贫困户提高了致富技能、掌握了市场信息，进而生产出适应市场需求的农产品。

### （五）全力推进美丽乡村建设

近年来，芷江县整村推进了“十个到村到户”行动，做到帮扶项目到村、到户、到人，对 95 个贫困村（2015 年年末撤乡并镇并村后为 84 个贫困村）的村组公路、人畜饮水、通信设施等进行了整体建设。目前，已实施贫困村道路通畅工程 86 千米，建设组级公路（机耕道）580 千米，先后维修山塘 20 口，建设渠道 14.5 千米，落实“户户通”近 1.4 万户，危房改造 725 户，先后解决了 1.07 万人的饮水安全问题，在 303 个村实施了“村村响”工程。

## 三、“党建+扶贫”模式在五郎溪村的创新实践

在上述芷江县“党建+扶贫”模式的引领下，在五郎溪村“两委”班子及全体村民的共同努力下，五郎溪村因地制宜，不仅使“党建+扶贫”模式得到了顺利推行，还不断创新实践，取得了党建扶贫的明显成效。

### （一）抓住基层党建这个龙头，提高精准决策水平

为了确保各项扶贫工作决策精准、高效推进，五郎溪村探索了“五化同步”基层党建工作法。

一是学习常态化。五郎溪村始终围绕精准扶贫新政策和扶贫工作新需要展开学习工作，建立了常态化学习制度。据统计，2015 年以来，扶贫工作队组织村“两委”班子、党员和组长开展各类学习培训活动 30 多次，

通过学习习近平总书记关于精准扶贫讲话的重要精神、湖南省委全会关于加强精准扶贫的重大决议、省委主要领导三次进村调研讲话和讲党课内容、《湖南省农村扶贫开发条例》以及农村基层党的知识等，明显转变了村干部和村民比较落后的思想观念，有效提升了村干部的扶贫带头能力，提高了村民参与脱贫的积极性。

二是调研精细化。五郎溪村始终坚持将发现问题、分析问题与解决问题贯穿于脱贫攻坚工作始终，将相关调研工作做到精细化。2015 年以来，该村开展的比较大的调研活动有到贵州学习调研，到四川、湖南等地调研产业发展情况。同时，五郎溪村也经常组织民情调研、工程项目调研以及入户走访调研等常规性调研活动。

三是决策民主化。五郎溪村始终将严格按制度、按程序、按规矩办事作为一项重要准则，通过充分发扬民主，最广泛地征求群众和各方面的意见，各项扶贫决策均受到了群众的广泛认可。2015 年来，五郎溪村共组织召开各类议事会议 150 多次，把各项扶贫决策的过程变成充分发扬民主的过程。

四是落实适时化。五郎溪村牢牢把握工作规律，严格落实思想、组织、制度、廉政以及能力建设等方面的各项基本工作、基本要求和基本制度，始终坚持标准、不打折扣。因此，每次基层党建检查，党务、村务、财务公开检查，廉洁扶贫检查、巡查等，都开展得非常顺利并得到好评。

五是创新特色化。一方面，五郎溪村扶贫工作队就农村基层党组织党员结构、年龄问题以及打赢贫困村脱贫攻坚战等问题进行了深入研究并撰写了多份咨政报告，填补了湖南省驻村帮扶研究的空白，得到了省领导的重视。另一方面，五郎溪村还探索了党员积分制管理办法和评党员、评党小组、评党支部以及评党支部书记“四评法”，充分发挥了党员敢当先锋、敢做排头兵的首创精神。

### （二）以党建为统领，严格落实“三个精准”

为了破解精准扶贫如何切入、如何精准的难题，五郎溪村探索了融精准识贫、精准扶贫、精准脱贫为一体的“一看五评九不评法”，通过量化评分、建立量化指标等方式形成分类识贫、分项扶贫和分步脱贫的目标体系。

一是精准识贫。首先对照“九不评”的标准把不符合条件的贫困户排除出去，再利用“一看五评”对全村的贫困对象进行量化打分，确保贫困户识别精准。对公认的、明显比较贫困的非贫困户也按照“一看五评”进行量化打分，得分较低的纳入贫困户帮扶。严格落实“应进尽进、应出尽出”政策，最终做到将全村的贫困对象全部识别出来。

二是精准扶贫。五郎溪村瞄准量化打分时发现的短板，通过制定“一村一策”“一户一策”“十个到村到户”等有强烈针对性的策略，及时根据实况变化进行动态调整，确保了帮扶措施的精准性和有效性。

三是精准脱贫。首先，根据量化得分情况分步脱贫，把得分在55~72分的26户102人列为2015年脱贫户，得分在50~55分的26户91人列为2016年脱贫户，得分在26~50分的34户138人列为2017年脱贫户。随后采取“发展生产脱贫一批”的脱贫措施，根据产业逐年增收的情况逐年增加脱贫人数，不断加大脱贫的力度，加快脱贫的步伐，最终实现了“贫困村提前一年完成整村脱贫、贫困村所有贫困户提前一年脱贫摘帽”的既定目标。

### （三）探索“党建+创新产业”帮扶模式，实现由“输血救济”向“造血自救”转变

五郎溪村按照湖南省产业扶贫“四跟四走”的成功做法，不断创新完善“公司+专业合作社+基地+农户（贫困户为主）”的管理机制，构建了系统的、以产业养产业、发展产业链的扶贫模式。

一是选好产业。目前，五郎溪村形成了三类优质产业结构体系。一是以羊肚菌（600亩）、蓝莓（152亩）、黄桃（410亩）、金银花（1238亩）为代表的种植业。二是以蜜蜂（280多箱）、芷江鸭（1.6万余只）、猪（600多头）为代表的养殖业。三是以光伏发电站（60千瓦）、服装加工

厂、羊肚菌制种厂为代表的加工业。

二是选好能人。五郎溪村通过招商引资成功引入羊肚菌产业。在羊肚菌龙头企业的带动下，全村 2016 年冬季种植羊肚菌 600 亩，共获得了 1600 多万元的纯收入，当年实现了村集体分红 20 万元、非贫困户人均分红 4500 元、贫困户人均分红 6000 元，村民的人均收入得到了大幅度提升。此外，五郎溪村还积极建立了稳定分红 20 年的保障机制，极大地激发了群众的内生动力。

三是加强产业保障。五郎溪村形成了公司保底回收、物流公司重点推销、冷藏库延长保鲜时间、村级农贸市场就地开展贸易以及电商平台日常销售等“五根产业保障线”，为产业发展提供了保障。

四是推行产业融合。五郎溪村先后打造了羊肚菌龙头企业与蓝莓、黄桃、金银花、芷江鸭和野生蜂蜜 5 个种养专业合作社，并且构建了光伏发电站、服装厂以及羊肚菌制种厂等村办企业捆绑抱团发展新模式，把整个村庄变成一个公司，把全体村民变成公司员工，成为湖南省贫困村产业扶贫的成功案例。

五是开展产业宣传活动。五郎溪村参与或组织了村博会、光伏发电并网仪式、省政协远程协商与省主要领导网络视频对话、年货会等大型活动，以这些大型活动为平台，向外大力宣传和推销本地农产品，大大增强了特色农产品的知名度。

### （四）党员带动共致富，转变村民思想作风

党支部的凝聚力、战斗力强不强，服务意识够不够，关键是看其能不能带领群众致富。五郎溪村的村党支部共有正式党员 43 名，预备党员 1 名，入党积极分子 3 名，支部委员 3 人。五郎溪村支部书记田昌英在村里办起了服装厂，将 50 多名在外打工的妈妈请回来工作，解决了留守儿童问题；五郎溪村梅冲组以及老屋组的组长张成政，从岳阳引进了一车中华蜜蜂蜂种，使五郎溪村的养蜂规模扩大至 500 群；金字湾组组长谭诗林、田家组组长江涛，带动 2 个组 60 多户 200 多人开挖平整出 4 千米路基；曹家

盘组党员张小壹原本在怀化跑销售，听说省里扶贫队进村来，就赶回来办工厂，组织留守妇女加工校服和沙发套；党员谭厚成主动到敬老院细心照顾 13 名老人，与老人谈心聊天，受到群众好评；党员杨顺芳、杨鹏飞、谭长元、张成政等成立了村工程质量义务巡查小组，对组级道路硬化、机耕道修建进展情况进行监督检查……通过五郎溪村党员干部和普通党员的带动，贫困群众看到脱贫致富的希望，感受到真真切切的改变。原来存在“等靠要”思想的贫困户也都栽种起了果苗、养起了鸡鸭，由“扶我脱贫”变成“我要脱贫”，大大改善了精神面貌。

## 四、 芷江县“党建+扶贫”模式的启示

### （一）建立系统的返贫防范体系，形成一套科学有效的返贫防范办法

首先，要建立完整的贫困信息收集和处理机制，对脱贫户的相关信息进行动态管理。一方面，要做好贫困人口与脱贫人口的信息收集工作，建立多元的贫困识别体系。五郎溪村应该将住房、健康、收入、教育等多个方面因素作为考察指标，在此基础上开展到村到户的贫困状况调查和建档立卡工作，并对这些相关项进行长期的动态监测。另一方面，要做好贫困人口与脱贫人口相关信息的分析处理工作。相关部门要通过一定的技术手段与技术平台对收集到的信息进行科学的分析与建模，进一步了解贫困户与脱贫户的显性贫困因素与隐性贫困风险，在此基础上分析其致贫原因并有针对性地提出解决办法，进而做到有效防止脱贫人口返贫。

其次，要搭建多方协作平台，形成多元防范体系。导致贫困地区脱贫人口返贫的因素是多样的，需要行政部门、气象部门、医疗部门、教育部门等多个部门共同防范。因此，必须整合多方力量，通过构建相关数据库和协作平台，形成返贫防范合力。

## （二）打造坚强的执行主体，构建一支“永不撒手”的工作队伍

首先，要通过强有力的优惠政策吸引高素质人才投身于扶贫减贫工作。要想进一步吸纳高素质人才投身于扶贫减贫一线工作，就必须制定适当的优惠政策。例如，可以进一步提升一线扶贫工作者的生活补助和绩效工资补贴。

其次，在选拔人才时要坚持“优中选优、合理配置”的基本原则。虽然当前的扶贫减贫一线队伍中，高素质人才比例相对较低，但每年也有许多有志青年不断更新着扶贫队伍的“血液”，为这一队伍增添了新的活力。为了更好地促进扶贫事业的发展，五郎溪村必须始终秉持“优中选优、合理配置”的基本原则，即一方面要选拔挑选综合素质较高的优秀青年，另一方面要“物尽其才、人尽其用”，根据新进人员的专业方向、基本素质，将其安排在最适合的岗位，充分实现其应有的价值，保证各项工作顺利开展。

最后，要加强执行主体的教育力度，培育“永不撒手”的思想观念。各级政府要依托各类党校、培训学校等相关教育机构对一线扶贫队伍进行长期的教育和引导。一方面，帮助他们提升从事扶贫减贫工作的各项技能，增进其对中央相关政策法规的理解，进而使其在推进精准扶贫工作时更加游刃有余。另一方面，加强对这一队伍的理想信念教育、政治理论教育，在长期的教育中不断提升其思想认识和政治觉悟，帮助其牢固树立“永不撒手”的价值理念，以保障扶贫工作队伍的稳定性。

## （三）注重基层党组织建设，充分发挥党建扶贫的应有功效

首先，贫困地区各级政府要进一步强化基层党建工作责任制。一要严把考核关，抓实扶贫考核成效。要从实处出发、从细处出发、从严处出发，努力寻求党建扶贫中存在的问题，不断促使党建工作从“软任务”变成“硬指标”。同时，要不断创新党建扶贫考核的内容、方法和结果，坚持把党建扶贫作为各级领导班子目标考核的重要内容，把党建扶贫工作实绩作为干部选拔任用、评优表彰、晋升职级的重要标准，重点做好党建工

作的考评机制。二要严把责任关，完善扶贫开发责任体系。在进行党建扶贫的过程中要落实主体责任，紧抓“党委主责、政府主抓、干部主帮、基层主推、社会主扶”五个关键，形成严格的问责机制。不断构建党建扶贫大格局。三要严把建设关，健全责任机制。五郎溪村不仅要建立健全领导包抓、单位帮扶、干部联户责任机制，也要建立绩效评估机制和暗访督查机制。在评估领导干部的政绩成效时，一方面要看领导干部、“第一书记”在党建扶贫中是否有优良表现、是否把扶贫工作作为党建述职的重要内容；另一方面也要紧紧围绕是否履职尽责、是否遵纪守规、措施是否得力、扶贫是否有效、群众是否满意等考察维度，深入各部门、各乡镇、各村组，对党建扶贫工作进行督查暗访，进而有力推动党建扶贫各项工作落地生根、开花结果。

其次，贫困区各级政府要激活基层党组织扶贫活力。一要努力优化组织设置，激发党建扶贫新活力。要进一步发挥村级党组织和所属党支部（党小组）的作用，着力建设配置好村级党组织领导班子，积极推广村党支部书记、村委会主任“一肩挑”的有效模式。同时，充分发挥农村基层党组织的政治引领作用，基层党组织内的成员要充分认识到精准扶贫工作的重要性，在实际工作中要牢记这一使命、重视这一任务，充分发挥党员干部的政治引领作用，最大程度地发挥好党组织的战斗堡垒作用以及党员的先锋模范作用，真正带领贫困人口摆脱“输血”维生的窘境，进入“造血”致富的新阶段。二要不断提升组织功能，搭建扶贫新平台。贫困地区基层党组织要加强服务群众专项经费、村级组织办公经费的落实，努力做到党的扶贫政策、扶贫措施、扶贫信息“三到户”，做到服务到户、服务到人，将党组织的服务作用覆盖到全部扶贫对象。与此同时，贫困地区基层党组织也可以通过“党建派遣单”的模式去发现和解决问题，也就是通过“问题清单”的形式，把具体工作安排到基层党组织和党员中去，真正解决农村、农民生产生活中存在的亟待解决的重点难点问题，从而提升基层党组织服务农村的能力，提升农村基层党组织推动精准扶贫的效果，尽量减少返贫现象的发生。

# 第八章　在组织创新中脱贫与防返贫

## ——以怀化市麻阳苗族自治县为例

有力有效的组织领导体制和运行机制是精准扶贫、精准脱贫和防返贫的重要前提和保障。近年来，怀化市麻阳苗族自治县在扶贫攻坚过程中不断创新组织体制与机制，激发多方力量参与脱贫攻坚和防返贫，探索金融扶贫，发展扶贫产业，实施易地搬迁，打造防返贫系统工程，取得了显著成绩，受到中央、省、市的高度肯定。深入总结麻阳县的组织创新扶贫防返贫经验，推广组织创新防返贫模式，不仅有利于麻阳县继续通过组织创新全面脱贫，也可以为其他贫困地区利用“组织创新+扶贫”开展脱贫攻坚提供参考借鉴。

## 一、麻阳县扶贫面临的困境

麻阳苗族自治县位于湘黔边界的湖南省西部、怀化市西北部，唐代置县，至今有1300多年的历史，古有“苗疆前哨”“湘黔门户”之称。麻阳县为苗族聚居区，具有浓厚的地方特色及信仰习俗。苗族人们相信“万物有灵”，有着祖先崇拜、自然崇拜、图腾崇拜等历史传统，民风古朴彪悍，传统祭祀及集会议事方式塑造了人们面对困难时齐心协力、同仇敌忾的共同心理与民族气概。并且，由于历史上的不断迁徙及生活环境的不断变化，苗族人民特别能吃苦耐劳，特别富有创业精神，无论迁到何种困难、艰苦的地区，都能迅速适应，并能从实际出发开发当地的自然资源，就势发展、繁荣起来。

麻阳县属武陵山片区区域发展与扶贫攻坚试点县、湖南省扶贫开发工作重点县和革命老区县，区域面积1568平方千米，辖24个乡（镇、管理处）、322个村（社区），总人口40.5万，苗族占80.2%，是全国5个苗族自治县之一。到2014年年底仍有建档立卡扶贫对象7.03万人、贫困村106个。

在麻阳县，用于产业扶贫的财政资金十分有限。2013年以前，由于缺乏有效的抵押和担保，银行不敢放贷给贫困农户，“贷款难、贷款贵”的难题一直没有得到有效解决。2003—2013年10年间，贷款累计不足500万元，且贷款利息非常高，绝大部分贫困农户不能通过贷款发展产业。

“贷款跟着穷人走，穷人跟着能人走，能人跟着产业走，产业跟着市场走”是产业扶贫的共识与基本路径。而实际上，资本青睐有偿还能力的富人，能人一般更喜欢与能人合作。穷人往往一缺资金，二少技术，三不具备独立发展产业的能力，市场将他们拒之门外，想在产业发展中分得一杯可以让自己脱贫致富之羹，机会渺茫。

如何解决上述瓶颈问题，在扶贫攻坚战中实现政府、银行、企业、乡村、贫困农户“五赢”新格局，成为摆在麻阳县人民和县委、县政府面前的一项重要课题。

## 二、麻阳县“组织创新+扶贫”的创新实践

金融扶贫是麻阳县扶贫工作的一大亮点，在此基础上，进一步发展形成了多种扶贫产业发展模式。而对于不适宜产业发展的地方，麻阳县成功实现了易地搬迁和集中安置。在做好扶贫专项工作的同时，还打造了防返贫的系统工程。

### （一）发挥“五老”作用，实行“三会三公示两审核”，变“资源”为“资本”，解决贫困户贷款难

为放大扶贫资金效益，2011年11月开始，麻阳县积极探索金融扶贫

工作，在石羊哨乡谭公冲村建立村级小额信贷微型担保平台，取得初步成效，得到杜家毫省长和张硕辅副省长的高度关注并作出专门批示，确定麻阳县为湖南省金融产业扶贫改革创新试点县。2014 年 9 月，在省扶贫办和省信用联社的指导下，麻阳县按照精准扶贫的工作要求开展了贫困农户小额信贷工作，在兰村、石羊哨、谭家寨 3 个乡镇先行试点，后在全县推广。

1. 发挥“五老”作用，实行“三会三公示两审核”，提升授信评级工作的公正性与有效性

针对贫困农户实际情况，改革传统的以经济指标为核心的评级授信模式，以诚信道德、劳动能力为依据，创新评信机制方便贷款。针对贫困农户的实际情况，量身定制了一系列优惠政策。

首先，开发专用评信系统。确定诚信评价、家庭劳动力、人均纯收入 3 项指标为贫困农户专用评级授信系统的主要内容。村里推选出的“五老”（老党员、老模范、老军人、老干部、老农民）代表和乡村干部、扶贫干部、支行行长等 11 人组成评级授信小组，采取投票的形式对贫困农户进行量化计分、评级。

其次，严格评级授信程序。实行“三会三公示两审核”的评级授信制度，确保授信评级的公平、公正、公开。“三会”即“五老”代表推选会、评审小组培训会、贫困农户入户调查评级会；“三公示”即“五老”代表公示、评级结果公示、授信结果公示；“两审核”即县产业扶贫金融服务中心审核、农商行支行审核。

再次，强化信贷监督管理。推行“五公开一监督”，即贷款政策条件公开、评级授信原则公开、贷款流程和时限公开、贷款金额方式用途利率公开、贷款违约责任处罚公开及实行社会监督；建立“四级审批”制度，即村产业扶贫金融服务站推荐、乡产业扶贫金融服务中心复审、县产业扶贫金融扶贫中心审核、农商行支行审批。

最后，简化农户贷款手续。符合条件的贫困农户凭贷款证和身份证到县农商行贷款，在 2 小时内办理完成贷款手续，真正实现无抵押、无担保贷款。

2. 变“资源”为“资本”，解除金融部门后顾之忧

本着将“资源”变为“资本”的思路，深化制度创新，整合社会资源，加快土地承包经营权、林权、宅基地使用权、山塘水库承包经营权等农村产权资源确权颁证，并作为抵押物反担保给村产业扶贫金融服务中心，解除金融部门后顾之忧。将农村土地承包经营权、林权、房屋所有权、宅基地使用权、山塘水库承包经营权等传统的农村产权盘活，通过确权发证丰富农户可抵押资产。目前确权颁证 1.1 万户，发放农房抵押贷款 1993 万元。同时，成立信贷担保合作社提供贷款。整合农户闲散资金和村集体资金建立联保金，金融机构按联保金的 5~8 倍放大贷款。麻阳县谭家寨乡楠木桥村成立信贷担保合作社，以村集体资金为主、入社农户缴纳股金为辅的形式建立 191 万元联保金，共计担保贷款 2757 万元。并且，开展支农产业担保金贷款。以农业专项资金 350 万元建立支农产业担保金，金融机构按照担保金的 10 倍放大贷款，共计发放贷款 4158 万元，支持了 50 多家新型农业经营主体发展。最后，开展信用评级，加大信用贷款发放。目前对 5 万多农户、30 多个单位公务员进行了信用评级，并按照信用等级分别授信，全县授信额度达到 8 亿多元。农行针对农民发放了“惠农卡”，农村商业银行针对公务员推出了“便民卡”，采取“随贷随还”贷款管理方式，极大方便了群众信贷融资。

至 2016 年，麻阳县已完成 3 个乡镇 2194 户贫困农户信用评级，试点乡镇贫困农户信用评级覆盖面达 100%，其中一级农户 452 户、二级农户 602 户、三级农户 467 户、四级农户 673 户，完成贫困农户授信 1521 户，授信率 69.3%，授信金额 4533 万元，发放授信等级证 1521 本，已发放小额信用贷款 251 户，资金 468 万元，发展各项扶贫产业预计年产值近千万元，贷款农户可望实现人均增收 2000 元。2016 年 4 月底，全县全面完成贫困农户评级授信工作。

## （二）实施“八方评审”，尊重群众创新，确立多种发展模式

产业发展是打赢脱贫攻坚战的经济基础，麻阳县委、县政府尊重群众

创新，对于如何选择和确定产业发展模式，进行积极引导和规范。

1. “八方评审”确定产业发展模式

主要做法是组织召开贫困群众大会，听取贫困人口发展产业意见，形成产业发展意向。具体为组织召开贫困户代表、村工作队、村支“两委”、乡党委政府、县扶贫办、县财政局、相关职能部门和扶贫经济组织八方评审会，帮助贫困农户确定扶贫产业项目和发展模式，把好扶贫产业项目发展的第一关，提高产业选择的科学性，降低市场风险。

在此基础上，麻阳县出台了《扶贫经济组织管理办法》，扶持发展了46个扶贫经济组织参与扶贫产业开发，探索创新了4种产业发展模式，有效解决了扶贫产业发展的技术和市场问题，促进了扶贫产业规模化发展。这4种主要发展模式为：

（1）自主发展模式

在扶贫经济组织的统一管理下，贫困农户自主进行产业开发，企业负责技术指导和保底价回收。如石羊哨乡谭公冲村引进湖南益生生物有限公司，组织68户贫困农户，投入贫困农户小额信贷资金105万元，自主发展半夏种植268亩，贫困农户人均实现增收3000元。

（2）委托发展模式

引进农业公司或成立专业合作社，在农户自愿的条件下签订委托帮扶协议，将产业发展资金委托给公司或合作社进行管理。如兰村乡大坳村和泥溪垅村2个贫困村的23户贫困农户，将75万元小额信贷委托给蓝凤凰农业发展有限公司发展蛋鸡养殖产业，将委托产业发展项目65%的利润分红。

（3）股份合作模式

贫困农户将资金入股到农业公司或专业合作社进行产业开发，由公司和合作社统一管理，入股农户享受股份分红，产权属多方共有，共同承担经营风险。如兰村乡望远村35户贫困农户将145万元小额信贷资金入股麻阳海田种植业专业合作社，发展优质水果、中药材等产业项目。

（4）连村联创模式

整合财政扶贫资金、扶贫小额信贷资金、部门资金，连村联创发展扶贫产业。如谭家寨乡组织该乡镇 8 个村（其中贫困村 4 个、非贫困村 4 个）的 2000 多名贫困人口，在该乡楠木桥村联合创建产业扶贫基地，项目建设规模 2000 亩，投入资金 2000 万元，有效解决了非贫困村贫困人口增收难题。

2. 搭建政银企农合作平台，为产业发展提供资金保障

通过建立政府、银行、企业与贫困农户的金融产业扶贫对接合作机制，切实解决了贫困农户发展产业资金短缺、技术短缺和市场竞争力不强等问题，实现了贫困农村和农户的可持续发展；减轻了财政扶贫的压力，提升了扶贫效益，增强了政府公信力；降低了银行放贷风险，提高了贷款收益。

（1）建立风险防范机制，调动银行力量

制定专门管理办法，建立贫困户信贷风险补偿资金作为扶贫担保金，当贫困农户因自然灾害等原因不能如期偿贷，或恶意拖欠贷款不还时，先用扶贫担保金垫还贷款，再由乡村两级处置变现拖欠贷款农户产权抵押物，填补扶贫担保金亏空。麻阳县建立了贫困农户小额信贷风险补偿资金专户，筹措建立 300 万元贫困农户小额信贷风险补偿资金，用于化解贫困农户小额信用贷款风险。在申请贷款时，银行、扶贫部门及评级授信小组对农户贷款用途和选择的产业发展项目进行严格审核，贷款发放后 1 个月内，贷款农户如未将贷款资金用于产业开发，银行部门可收回贷款。通过建立一系列风险防范机制，确保贷款资金安全，吸引银行资本积极投入扶贫产业开发。

（2）搭建银企项目合作平台，拓宽融资渠道

其一，建立政银企项目对接制度。县政府每年组织召开 2 次以上政银企联席会议，为银行和企业提供面对面信息沟通的机会，推动项目对接，对达成意向的签订银企贷款意向书。如 2015 年，全县年初银企洽谈对接会签约项目 26 个，签约信贷意向 6.65 亿元，到 2015 年年末，到位贷款 5.2 亿元，项目资金到位率达到 78.20%。

其二，搭建政银信息沟通平台。建立“农村信用体系建设综合管理系

统”。利用系统提供的网络平台，金融机构向经济主管部门介绍自身的信贷政策和信贷产品，政府经济主管部门向银行推荐贷款项目，有效促进银企项目合作。

其三，加大政府融资平台建立。充分发挥城建投、交建投、安居投及农发公司等融资平台作用，加大与农发行、国开行的项目对接，围绕城市建设、道路交通、电力保障、危房改造、农田水利等领域，加大信贷投放，支持基础设施建设。

## （三）易地扶贫搬迁

麻阳县是一个典型的山区农业大县，地形复杂，降雨不均匀，是山洪、地质灾害多发区和高危区。特别是锦江河两岸和支流流域，紫色页岩分布广，地质构造不稳定，加之锦江河上下游建设的电站上泄下堵，山洪、地质灾害连年不断，给当地群众生产生活带来了极大的影响。因此，麻阳县委、县政府决定，对自然资源贫乏、环境恶劣、不宜生产生活的地方的村民，实行易地扶贫搬迁。

1. 易地扶贫搬迁面临的困难

首先，麻阳县是一个传统农业县，虽然山地资源丰富，但是土地农保率过高。国家实施严格的土地保护政策以来，全国土地市场秩序治理整顿进一步深化、各项土地政策相继出台，项目建设用地审批越来越严格，土地制约问题将成为扶贫搬迁及经济发展的首要瓶颈。

其次，麻阳县属武陵山片区贫困县，财政困难，政府很难挤出资金用于项目配套建设，因此，易地扶贫搬迁项目建设任务非常重。县城安置点要配套城西中、小学和长寿大道建设，资金缺口大。

最后，上级文件明确规定，搬迁户建房户型必须从住建部门制定的《易地扶贫搬迁工程住宅设计图集》中选取，且按搬迁户人口数确定建房面积和户型。这一规定对分散安置没有影响，但对集中安置影响很大，因为那意味着在同一安置点，可能会出现 3～5 种不同风格的户型，既不美观，又不实用，最后可能辛苦做了工作，群众却不满意。

2. 麻阳县易地扶贫搬迁的创新举措

一是做好规划，争取政策支持。易地扶贫搬迁方案中明确了集中安置区、分散安置点的位置、面积、定额标准、宅基地复垦、迁出区生态修复等内容，符合土地利用总体规划；委托省国土厅第二测绘院编制麻阳县易地扶贫搬迁城乡建设用地增减挂钩方案，同时开展了建新区（集中安置区和分散安置点）的摸底与调查工作。比照灾后重建用地政策，启动实施了和平溪乡桃树坪村、珠宝寨村，岩门镇玳瑁坡村，板栗树乡麻林坪村等19个集中安置点土地平整工作，其余7个集中安置点的用地报批手续已按程序上报省国土资源厅审批；分散安置点严格履行宅基地审批程序。将2017—2018年拟实施的江口墟镇集镇、文昌阁乡集镇、兰里镇集镇、岩门镇集镇、黄桑乡集镇、大桥江乡集镇、高村镇龙池村城西安置点7个集中安置点用地纳入土地利用总体规划调整完善方案。

二是确定搬迁对象及同步搬迁人员。麻阳县2016年计划搬迁建档立卡贫困户4613人（省下达计划任务4538人），经宣传动员，所有搬迁户已与当地乡镇人民政府签订了搬迁协议，搬迁名单已经由县扶贫部门盖章确认。同步搬迁22户86人，具体为和平溪乡桃树坪村15户59人、珠宝寨村7户27人（全部为地质灾害户）。

三是充分考虑地方特色和民族传统习惯。在确保建房面积不突破人均25平方米的标准的前提下取平均值，建议同一安置点统一选取一种户型，以确保搬迁建房的民族特色和整体效果。超过面积部分建设成本由农户自行承担费用。同时对于农村三代、四代同堂的大家庭，建议按实际需求建房，而不能局限于每户最多不能超过150平方米的上限要求；或对于8人以上的农村家庭，允许分户建房（但同样不突破人均25平方米的建房标准）。

## （四）实施系统工程，夯实防返贫基础

麻阳县基础设施薄弱，基础服务落后，医疗教育条件一般。县内主干道路网络尚未形成，已有枝柳和渝怀2条铁路、在建或改扩建包茂高速、

G209 国道、S308 省道。国道和省道之间尚未形成循环网络，难以互联互通。县内交通网络配套建设不完善和乡村公路建设滞后等问题仍然十分突出，县内仓储、包装、运输等基础条件差，金融、信息等现代基础设施严重滞后，物流成本高。市场中介服务落后，社区生活服务落后。农村卫生基础薄弱，缺医少药，各类疾病流行，往往是“一人得病，全家返贫”。全县每年因灾、因病返贫的人数在 5000 人以上。这势必会加大经济运行成本，削弱产业竞争力和经济发展速度，甚至降低人民生活的幸福指数。

针对上述情况，麻阳县以全县 106 个贫困村为重点，加强基础设施建设，提高贫困村公共服务水平，实施扶贫攻坚到村十大系统工程，构建防返贫机制。这十大工程为：

1. 农村公路建设工程

加大贫困村公路建设力度，加强安全防护设施和中小危桥改造，提高技术等级，完善路网结构，到 2016 年前完成所有行政村村级道路建设；2020 年，建设村组公路、联村公路 530.5 千米，所有具备条件的自然村道路实现硬化，建制村客运班线通达率达到 90%以上，联村公路硬化率有较大提高。

2. 农村饮水安全和水利建设工程

优先安排贫困村饮水安全提质工程建设，确保贫困人口饮水安全率达 100%；加大农田水利设施建设，硬化渠道 365 千米，新修和维修村骨干山塘 1032 座、水库 59 座。

3. 农村电力保障工程

全面完成 37 个贫困村农网改造，建设电网台区 58 个，输电线路 875 千米。

4. 农村危房改造工程

实施“25、40”计划，每年重点帮扶户数不得少于当地农村危房改造总户数的 25%，五保户、低保户、贫困残疾人家庭、伤残军人家庭和计划生育特殊困难家庭占农村危房改造帮扶对象总数不低于 40%。

5. 乡村旅游扶贫工程

按照“打造生态苗乡和长寿文化为核心的麻阳旅游品牌”的要求，推进乡村旅游开发，每年扶持3~5个贫困村开展乡村旅游开发。全县重点扶持10个特色健康养生及美丽村寨建设。

6. 农村教育扶贫工程

对农村义务教育薄弱学校优先改造提质35所；新建或扩建农村幼儿园90所；重点扶持麻阳职业中专和县农民素质培训学校，建成贫困户产业培训、贫困学生职业技能培训的示范基地。

7. 农村医疗卫生扶贫工程

2020年，完成57所村级合格卫生室建设，培训村级医生106名，基本实现每个行政村有1个卫生室。

8. 农村文化扶贫工程

新建村级活动室85所，完善21所；每个村建1个体育活动场；到2016年年底，完成农村广播“村村通”工程，覆盖率达100%；到2020年实现广播电视直播卫星“户户通”。

9. 农村信息扶贫工程

建设电商平台，每个贫困村对接1个电商，每个贫困村至少确定1名有文化、懂信息、能服务的信息员；加大培训力度，充分利用有关部门现有培训项目，着力提高其信息获取和服务能力。全面完成贫困村宽带接入和有线电视“村村通”。6年内建设37个手机信号基站，实现网络信号全覆盖。

10. 农村环境治理工程

围绕改水、改厕、改灶，农村垃圾收集、运转、处理，推进城乡环境治理和卫生整治行动。

## 三、麻阳县“组织创新+扶贫”的成就与效应

### （一）贫困农户收入水平大幅提高

“十二五”期间，全县金融机构累积发放贷款71.6亿元，其中发放涉农贷款27.6亿元、中小企业扶持贷款33.4亿元。目前，已完成全县2.43万户贫困农户的评级授信4.92亿元，发放小额信用贷款1.26亿元，吸引带动5亿余元社会资本参与金融产业扶贫工作。“十二五”期间，贫困人口人均纯收入从1050元增加到2460元，贫困人口由13.3万人下降到5.2万人，贫困发生率由38%下降到14.8%。其中，2015年全县减贫17480人。

### （二）贫困村产业不断壮大

“十二五”以来，共投入产业扶贫资金7547万元，发展柑橘、红心猕猴桃、富硒刺葡萄2230亩，发展优质稻、烟叶、药材、富硒冬木耳等产业7120亩。全县53个贫困村分别建立了300亩以上的扶贫产业，建成了黑木耳、黄桃、富硒刺葡萄3个产值过亿元的新产业。同时，还扶持发展了龙头企业专业合作社、协会等经济组织46个，促进了扶贫产业的规模化和产业化发展。

2015年，全县整合部门资金9260.69万元投入扶贫开发。2016年安排扶贫专项资金1500万元。现已落实农发行易地扶贫搬迁贷款7.95亿元、国开行支持贫困村机耕道建设贷款资金800万元，带动了5万多名贫困群众创业就业，走上稳定脱贫之路。

### （三）贫困村基础设施明显改善

5年来，共投入基础设施建设专项扶贫资金3174万元，实施项目229个。新（维）修村级公路360千米，硬化村级公路62千米，解决了53个

贫困村 21763 人出行难问题；硬化渠道 24 千米，解决了 53 个贫困村 1160 亩田地的灌溉问题；实施贫困户建房 757 户，解决了 3000 余名贫困人口的住房问题。

### （四）贫困群众素质不断提高

“十二五”以来，共完成“雨露计划”培训 1415 人，其中科技骨干培训 170 人、贫困村干部培训 148 人、职业学历教育培训 1097 人。开展“百万扶贫助学”工程，安排资金 106 万元，资助贫困学生 448 人。大力开展实用技术培训，每年举办各类培训班 40 期以上、培训 5000 人次以上，保证每个贫困户掌握 1~2 门实用技术，带动贫困人口增收和贫困家庭脱贫。

## 四、 麻阳县“组织创新与防返贫”的经验启示

麻阳县扶贫工作特色鲜明、成绩显著，特别是金融扶贫，受到省甚至中央的高度重视和肯定，包括中央电视台在内的各大主流媒体均进行了报道。从其扶贫工作模式中可以看到，其扶贫工作成绩的取得，主要得益于组织有力，激发了体制内外的力量。

### （一）发挥党政组织优势，激发体制内力量

1. 强化扶贫工作组织领导

按照“县负总责、乡镇抓落实、部门协调配合”的工作原则，扎实推进精准扶贫工作。成立县扶贫攻坚工作领导小组，由县委书记任组长、县长任第一副组长、相关县领导为副组长、相关部门负责人为成员，负责总调度。下设 16 个工作机构。其中 14 个工作组，由分管县领导任组长、责任单位为成员，具体负责“五个一批”“十大工程”推进实施；1 个考核工作组，由县委组织部部长任组长，县委组织部、县纪委、县扶贫办、县人力资源和社会保障局、县统计局、县绩效考核办等部门相关负责人为成员，负责扶贫攻坚考核工作；1 个县委扶贫攻坚督办专员办公室，设扶贫

督办专员 8 名，分成 4 个小组，每组配 1 名工作人员，分组包片负责扶贫攻坚日常督办等工作。各乡镇、相关部门成立专门的领导机构，实行一把手负总责、专人抓扶贫的工作机制，保障工作经费，改善工作条件，提高工作效能；抓好示范点创建，以省市工作队驻点村及县主要领导驻点村为重点，开展示范创建活动，通过这些点的示范作用，放大、推广、提升全县精准扶贫水平。

2. 加强扶贫队伍组织建设

按照“硬件升级、软件变硬、保障有力、群众满意”的要求，大力加强扶贫队伍建设。成立扶贫工作协调部门，增加县扶贫办人员编制，进一步充实县扶贫办干部队伍。乡镇实行专职领导分管扶贫攻坚工作。通过招考、岗位调动等方式配齐配强乡镇扶贫专干，归口县扶贫办管理。发挥党员示范作用，从优秀外出务工经商人员、乡土能人、复退军人和优秀大学生村官中培养发展党员，每个贫困村 5 年至少发展 3 名党员。每名农村党员，要结合实际，联系 1~3 户贫困户，帮助贫困户脱贫致富。坚持“有理想信念和奉献精神，能带给希望；有经济头脑和致富本领，能带领发展；有良好品行和公道之心，能带来和谐”的“三有三带”标准，引导村民选举优秀党员担任村干部，有计划地对全县村党支部书记、村支部成员和农村党员进行轮训，提高素质，增强产业发展能力，发挥示范带头作用。

强化驻村帮扶。按照“省市带头、县乡为主”的原则，组成扶贫工作队，派驻贫困村开展帮扶工作。在省、市下派 12 支（省直机关 3 支）驻村帮扶工作队的基础上，县委、县政府组建 94 支工作队派驻 94 个贫困村进行帮扶，实现帮扶全覆盖。工作队队长必须是科级或副科级后备党员干部，并挂任驻点村第一书记。135 个党政事业单位定点帮扶 106 个贫困村。每个后盾单位①的干部职工要把所联系贫困村的贫困农户作为帮扶对象，处级干部要联系帮扶 3 户以上贫困户，科级干部要联系帮扶 2 户以上贫困户，一般干部要联系帮扶 1 户以上贫困户，一帮 6 年，直至脱贫。扎实开

---

① 指对口帮扶贫困村的各县的机关单位。

展“一进二访”（进村入户、访困问需、访贫问计）、“三联七到户”（党员干部联村、联组、联户，做到民生政策宣传到户、经济信息送达到户、生产发展指导到户、计生工作服务到户、贫困对象帮扶到户、问题处理反馈到户、安全稳定落实到户）、“五个一”（结对帮扶党员干部每半年至少要到帮扶对象家中走访1次、每户每年帮扶资金不低于1000元、帮助贫困户解决1个具体问题、帮助贫困户寻找1条致富门路、每半年至少到贫困户劳动1次）活动，密切联系贫困群众。

3. 强化扶贫工作党政监督

严格按照扶贫攻坚考核办法实施扶贫工作绩效考核。实行“一月一调度、一季一考评、半年一述职、一年一考核”的考核督导制度；实行乡（镇）党委书记、乡（镇）长和相关责任部门主要负责人半年扶贫攻坚工作述职制度。对考核结果为“一类”的乡镇和部门奖励2万元；考核结果为“三类”的乡镇和部门，对乡镇党政主要领导、分管领导和相关部门主要负责人进行警示约谈；对连续两年被评为“三类”的乡镇和部门，坚决采取组织措施，实行一票否决，做到“不摘贫帽就摘官帽，不换状态就换人，不为慢为乱为就让位”。建立县直单位、乡镇党政负责人扶贫攻坚工作专项考核制度，考核结果作为干部管理和选拔任用的重要依据，没完成年度减贫脱贫任务的，不得异动调整、不得提拔任用，考核结果不得评定为“优秀”等级。

### （二）尊重民间创新，组织优化各方资源，汇聚扶贫攻坚伟大力量

麻阳县的扶贫工作，不是体制内力量的单打独斗，而是“点上突破瓶颈性难题，面上做成一个系统工程”，这一系统集成了多项制度创新，激发与调动了各方力量，综合发力，建立多方受益的利益联结机制，打出组合拳，实现了扶贫攻坚效能的最大化。

一是坚持为了群众，依靠群众。在贫困户的建档立卡与授信评级中充分发挥“五老”作用，广泛听取民意，力争决策公正、令人信服。加大就

业培训，制定创业优惠政策，扶贫又扶志，调动和激发困难群众的力量。

二是激发银行的力量。麻阳县以全省金融产业扶贫创新试点县为契机，深入贯彻落实全省金融产业扶贫试点启动会议精神，将金融扶贫工作打造成在全国有影响力品牌，其采取的各种措施充分调动了银行的力量，为扶贫工作与产业发展注入了不竭的动力。

三是建立利益联结合作激励机制，激发经济组织的力量，推动扶贫产业发展壮大。坚持以市场机制为导向、以尊重农户的自主选择权为前提，建立贫困农户与企业和新型农业经营主体的利益联结和合作激励机制，做到各方共赢。

# 第九章 “互联网+”的立体综合扶贫模式探究

## ——以怀化市洪江市为例

2015年11月，中共中央、国务院发布了《关于打赢脱贫攻坚战的决定》，提出加大“互联网+”扶贫力度，实施电商扶贫工程。互联网已成为扶贫攻坚可以利用的有效方法和重要手段，电商扶贫已成为产业扶贫的重要渠道、精准脱贫的重要载体。近年来，怀化市洪江市利用互联网技术拓展农产品销路，发展电商产业，开发建设扶贫管理数据平台，实现扶贫精准到人、扶贫开发动态监测以及脱贫成效综合评估的科学管理，探索创新出了以“互联网+”为支撑和载体的立体综合精准扶贫模式，在“互联网+”扶贫方面取得了突出成效。总结洪江市的“互联网+”扶贫经验，凝练可以复制推广的“互联网+”扶贫模式，不仅有利于洪江市继续通过“互联网+”减轻全面脱贫后相对贫困人口返贫的压力、构建防返贫预防机制，也可以为其他贫困地区利用“互联网+”加快脱贫攻坚进程提供借鉴。

## 一、 洪江市基本贫困情况

洪江市位于湖南省西部雪峰山脉中段、武陵山集中连片特困地区南部。全市乡村区划调整后辖20个乡镇、194个建制村，其中含苗族和瑶族2个民族乡，现有侗族、苗族、瑶族、回族、土家族等20个少数民族。总面积2174平方千米，其中山地面积250万亩、耕地面积34万亩；总人口43.68万人，其中农业人口37.17万人，是一个典型的山区农业大市。洪江市许多村庄长年因交通闭塞、信息不通畅、技术落后等，村民们守着绿水青山却只能望“山”兴叹。2013 年全市贫困人口 17368 户 54064 人，贫困发生率为 14.5%。2013 年年底，洪江市被纳入比照省级扶贫开发工作重点县，2015 年被湖南省人民政府认定为革命老根据地（革命老区），全市有贫困村 75 个、建档立卡贫困人口 16147 户 54037 人。洪江市少数民族人口聚集多、贫困人口分布广，集“老、少、边、穷、山”于一身，具有武陵山集中连片特困地区的典型特征。

### （一）地理生态环境脆弱，自然资本匮乏

洪江市属南方红壤水土流失严重区，市区内大部分区域为生态脆弱区，滑坡、泥石流、洪灾等自然灾害频发。同时，洪江市是雪峰山脉主区，山地、丘陵面积高达 80%以上，土壤以第四纪红土红壤为主，酸性大、肥力低，土地难以利用，从而陷入“地理环境脆弱—经济增长滞后—生存需要不足—生态环境恶化—经济发展受限—长期贫困”的恶性循环。

洪江市处于贫困和生态脆弱耦合地域，受地理地貌、环境气候等因素限制，自然资本匮乏。一是洪江市地处湖南省西部、沅水上游、云贵高原东部边缘的雪峰山区，海拔高、坡度陡、河流密布、山体连绵不绝，部分区域水土流失严重，耕地面积少、耕地质量低、土地资源稀缺、土地细碎化程度高。二是洪江市身处国家生态文明先行示范区，大部分地区可开发程度受限。退耕还林、水库移民等政策对当地部分务农群体也构成了不小的冲击。三是旱涝灾害并存，自然灾害频发，植被易破坏却难恢复。自然资本的匮乏、生态环境保护与自然资源开发矛盾尖锐，当地农民极易陷入长期性贫困状态，出现返贫现象。洪江市 2174 平方千米的领域内，山地面积达 250 万亩，耕地面积仅有 34 万亩。在 2015 年贫困户认定中，有 406 户 1328 人是因缺少土地致贫，41 户 109 人是因灾致贫，这也充分说明了洪江市自然资本的匮乏状况。

### （二）受教育水平低，人力资本匮乏

人力资本匮乏主要是因为家族中劳动力缺乏，或劳动力教育水平低、

缺乏所需的劳动技能。

洪江市人力资本匮乏导致贫困的主要表现为：一是部分贫困群众长期处于贫困之中，逐渐失去脱贫信心，丧失发展动力，不思进取，安于现状，脱贫热情不高，习惯“等靠要”。正像习近平总书记讲的，部分群众“靠着墙根晒太阳，等着别人送小康”。还有贫困村村民思想相对保守，观念落后，甚至存在封建迷信思想，在生产中缺乏开拓创新精神，主动学习新知识、掌握新技术的意识不强，从而欠缺脱贫致富能力。同时，脱贫人口脱贫标准低，应对外部冲击能力差，极易因病、因学、因灾或多种因素相互叠加返贫，不少家庭始终难以摆脱“脱贫—返贫—再脱贫—再返贫”的怪圈，长期在贫困线上徘徊挣扎。

二是青年外出务工人员增多，人口老龄化趋势严重。根据怀化市第六次人口普查，常住人口中，65 岁及以上人口为 496288 人，占 10.47%。同 2000 年第五次全国人口普查相比，65 岁及以上人口的比重上升了 2.91 个百分点。洪江市作为怀化市的县级市之一，由于产业、地缘等因素，对青年人的吸引力更小，青年外出务工人员所占人口比例更大，老龄化程度更高。据调查，洪江市部分乡镇中心小学的留守儿童占学生总数的 80%以上，这在一定程度上证明了大量中青年劳动力外出务工的现实。

三是人才匮乏。2010 年怀化全市常住人口中，具有大学（指大专以上）文化程度的人口为 258999 人；具有高中（含中专）文化程度的人口为 562360 人；具有初中文化程度的人口为 1936173 人；具有小学文化程度的人口为 1404523 人。高中及以上文化程度人口占常住人口的 19.7%，初中及以下文化程度的人口占 80.3%，文盲率为 4.33%。① 洪江市作为怀化市的县级市，其人口受教育情况与怀化市整体情况基本一致。大量青壮年外出务工，虽然能带来一定的经济收益，但由于其文化程度不高，经济收益十分有限，难以使家庭脱贫。留守农村的农户受年龄和文化水平的限制，也难以利用现代农业技术实现脱贫。根据洪江市 2015 年贫困人口情况

① 数据来源：怀化市统计局《怀化市 2010 年第六次全国人口普查主要数据公报》。

认定数据，全市17667户54064名农村贫困人口中，因子女上学致贫的有335户1233人，因残致贫的有176户441人，因病致贫的有2515户7042人，因缺技术致贫的有3345户10554人，因缺劳动力致贫的有1571户3957人，因自身发展动力不足致贫的有1542户4603人，这些也在一定程度上说明了洪江市人力资本的匮乏。

## （三）收入水平低，金融资本短缺

金融资本包括流量（扶贫资金、抚恤金）和存量（储蓄、工资）两个部分。洪江市农户自身收入水平低，贫困户收入更低，资金存储和流动性都处于较低状态，日常生活难以得到保障。据《2016年洪江市国民经济和社会发展统计公报》，洪江市农村居民人均可支配收入为9148元，同时期全国农村居民人均可支配收入为11930元，洪江市较全国水平低13.4%。农民储蓄不足，消费能力低。一旦子女上学、家人生病等需要大量用钱时，脆弱的家庭收支平衡状态就会被打破，进而举债，严重影响家庭生活生产，最后陷入恶性循环。另外，2016年，洪江市财政总收入7.1亿元，仅占怀化市136.71亿元财政总收入的5.2%。2017年年末金融机构城乡居民储蓄存款余额100.8亿元，仅占怀化市1299.95亿元的7.75%。洪江市贫困人口中，有5631户19708人是因缺乏资金致贫，占比高达36.5%。这些充分证明了其金融资本的短缺。由于资本积累的缺乏，财政方面的资金投入和投资产出严重受阻，易陷入增长不足的“低水平均衡陷阱”。

## （四）基础设施和公共服务落后，物质资本不足

物质资本包括用以维持生计的基本生产资料（生产工具、机械设备、种子、肥料、农药等）和基础设施（交通、能源、饮水与卫生设施等）。洪江市有95个贫困村，占全市村总数的1/3左右，而且零散分布在所有乡镇；有贫困人口33370人，占全市农业人口的9.2%。现有贫困人口绝大多数居住在边远山区，生存环境恶劣，基础设施落后，公共服务欠缺，产业发展缓慢，是多年扶贫工作中最难啃的“硬骨头”。截至2017年，洪江市

中小学生合计 50575 人，而教师仅有 3161 人，中小学师生比例高达1∶16，医院每千人仅拥有床位 5.5 张。在基础设施建设方面，部分学校的饮用水管道设备因年代久远，经常出故障，无经费和人员维护修理，无法满足师生正常使用；教学楼屋顶瓦面破损，雨天漏雨；校园紧靠山林而且不封闭，存在极大安全隐患等一系列问题。据统计，2015 年，洪江市约 5%的行政村未通沥青、水泥路，27%的行政村没有完成农网改造，43%的行政村没有合格文化活动室，约 20%的行政村没有合格村医。此外，洪江市农田水利设施普遍滞后，抗灾能力弱，洪涝、干旱、冰灾等自然灾害突发时风险大。洪江市 2015 年贫困人口状况统计数据显示，因交通条件落后致贫的人口达 1065 户 3318 人。

### （五）地理位置偏远，信息闭塞，社会资本薄弱

社会资本是人们所拥有的社会资源以及互信互助能力，是人们在社会结构中所处的位置给他们带来的资源。洪江市由于山体众多，许多村落地处山林深处，交通不便，信息闭塞，贫困地区农户与外界交流困难，人际关系、组织关系等社会资源相对薄弱，人际和社会资源极为有限。随着大量青壮年外出务工，农村老龄化、空心化严重，遇到困难时向周边村民求助的“熟人社会”关系网络悄然崩塌，这些都导致了社会资本的缺乏。①

## 二、洪江市“互联网+”立体综合扶贫攻坚做法与启示

截至 2017 年年底，洪江市 75 个贫困村全部摘帽，全市整体脱贫。仅用短短三四年的时间，就将辖区的贫困发生率由原来的 14.5%下降到 1%以下，整体成功脱贫。洪江市的扶贫做法可圈可点，尤其是其成功实施的“互联网+”扶贫经验非常值得总结和推广。

---

① 任偲怡，徐持平，陈运雄，徐庆国．基于“可持续生计框架”的湖南武陵山片区反贫困策略优化［J］．湖南农业科学，2018（4）：99-100.

## （一）主要做法

在脱贫攻坚过程中，在既有资源禀赋条件基础上，洪江市充分利用现代化信息科技和技术，将信息流、物流与产业、产品、农户、农民等充分结合，形成“互联网+N”立体综合扶贫模式。其中“N”可以是产业、产品等经济形态，也可以是合作社、农户、农民等经济主体，还可以是基层党组织、扶贫管理部门等扶贫脱贫管理组织主体。

1. 网创名牌，夯实洪江“互联网+产业”的经济基础

在扶贫攻坚推进过程中，以“互联网+产业”方式进行扶贫的案例有很多，但相当一部分地区的“互联网+”并没有真正落到实处，其根本原因是没有真正可以“+”的特色产业，或者产业产品虽有特色但知名度不高而未能被社会所认可。洪江市充分认识到这一点，从构建“互联网+”开始，即从网创特色品牌的角度着手，夯实“互联网+”的经济基础。

以点带面，打造小“橙”大梦。洪江黔阳冰糖橙历史悠久，味道独特，但深藏闺中，鲜为人知，一直打不开市场和销路，果农种植收益和信心受到明显影响和打击。洪江市运用现代信息化思维，以“节会+新媒体”方式，通过组织全国马拉松洪江赛、三月三黔阳柑橘花节、中国·洪江市“互联网+产业扶贫”大会，邀请中国科学院院士袁隆平亲临现场推介、“网红市长”代言，进行传统媒体活动报道，微博、微信、快手等新媒体现场直播，参加湖南农特产品十大品牌网络评选、原农业部“我为特色农产品代言公益活动”等方式，在很短时间内将黔阳冰糖橙从“深闺美橙”打造为“网络名果”，其知名度大为提升，成为京东网、苏宁易购、大茶网等 40 余家电商平台的热销产品。

冰糖橙的热销，带动了洪江黔阳名气的提升和传播。口味独特的冰糖橙自 20 世纪 70 年代以来，多次获中国柑橘选育鉴评第一名、中国科学大会选种成果奖、全国优质农产品金杯奖、“中华名果”荣誉称号，获国家地理标志产品保护，不断扩大知名度。与此同时，洪江黔阳是“杂交水稻发源的故乡”，是解决了几十亿人口粮食问题的袁隆平院士的故乡；是著

名诗人王昌龄的贬谪之地，“一片冰心在玉壶”就出自黔阳；拥有日本侵略者不能翻越的雪峰山；还是“神秘物种变异的天堂”。洪江市的一张张名片不断被世人知道、熟悉。洪江岩垅的蓝莓、桃源的黄桃、大祟的金秋梨也开始在电商圈中变得小有名气，黔阳古城和雪峰山也吸引了越来越多的游客来此休闲度假。

洪江市通过网创特色品牌，提升了自身知名度，夯实了“互联网+”经济的产业和品牌基础。目前，洪江市已有金城农业综合开发有限公司、京东洪江馆、湘西老农电子商务有限公司、舞沅电子商务有限公司等38家电商企业致力于农产品的开发与销售。2017年全市网上销售农产品金额达1.8亿余元，其中洪江市三湘投资有限公司（安江电商产业园）突破1000万元、舞沅公司达1800万元、金城农业达800余万元、京东洪江馆达2000余万元、湘西老农达500余万元，极大地带动了洪江市经济社会发展，保证了扶贫脱贫攻坚效果。

2. 网罗天下，打造“媒体+电商”的扶贫脱贫电子商务网络

以优惠政策和大资金投入引商建网。为了和电商、新媒体充分密切合作，洪江市出台多项优惠措施，扶持电商发展。洪江市积极响应湖南省“湘品出境、万商入湘”号召，高度重视电子商务事业的发展，出台了《洪江市电子商务“十三五”发展规划（2016—2020年）》《洪江市加快电子商务发展的若干政策措施》《洪江市扶持和奖励电商发展的政策措施实施细则》等相关政策文件，挂牌成立了洪江市电子商务公共服务中心，并先后建成1个市级电商产业园和电商公共服务中心、8个乡镇级电商公共服务中心及98个贫困村贫困户电商扶贫站点，实现了全市70%的行政村覆盖、75个贫困村的全覆盖。2016年安排了电子商务发展引导资金320余万元，连同从省商务厅争取到的农村电子商务推进工程项目资金154万元，全部用于电商平台建设、培训和奖励扶持等专项开支，扶持市内电商产业发展。同时，整合供销、邮政、客运、物流、快递等物流配送资源，依托现有的农村物流配送网络，建立以市级物流中心为龙头、乡镇物流分中心为骨干、村级服务站为基础的市、乡、村三级物流配送体系，实行全

网络配送，建成初步连通市—乡—村的物流网络；以“互联网+”为手段，建立农村物流配送服务平台，实现工业品下乡与农产品进城的无缝对接。通过“互联网+立体综合扶贫脱贫”战略的实施，洪江市电子商务异军突起，先后与京东集团、大茶网签订了电子商务进农村战略合作协议，京东、邮乐购洪江市级服务中心已建成，湘西老农、鑫瑞惠民、惠农网等电子商务平台已形成，京东集团、苏宁易购、快乐购、邮乐购、鑫瑞惠民、云采惠、大茶网等国内知名电商企业进驻洪江市，政府引导、部门实施、行业监管、全社会共同参与的电子商务发展格局已初步形成。这些电商网点的建立，为洪江市“互联网+”的立体综合扶贫模式提供了良好的信息流和物流等网络条件。洪江市还多次组织湖南人民广播电台新闻综合频道携手新湖南、腾讯大湘网、红网、快乐购、绿桥商场、搜农网等组成“媒体+电商”团队走进洪江市产业扶贫基地，用“引进来”和“走出去”的双向模式助力贫困人口增收；同时，在今日头条、腾讯、新浪等平台上开设移动客户端信息出口，结合传统销售渠道与最新电商销售渠道，打造洪江黔阳农特产品全网销售平台。

3. 网聚英才，培育互联网产业带头人才

洪江市围绕育人才、搭平台、建体系的工作思路，着力抓好电商人才的培养、使用和激励，有效推进“互联网+农村电子商务”行动计划的快速实施，不断在电商人才培养上下功夫。全市各级各部门不断加大电商人才培训工作力度，培养大批农村电商人才。以阿里巴巴农村电子商务“千县万村”试点县建设为契机，引进淘宝大学，开展电子商务“校市合作”，加强电子商务职业教育和专题培训。积极搭建培训平台，开展讲堂、论坛、培训等活动，培训一批乡（镇）长，提高对电子商务发展的领导和组织能力；每个乡（镇）和涉农社区培训 1 名以上电子商务能人，每个行政村培训至少 1 名农村电子商务推广员，带动农村电子商务发展；举办高级电子商务职业经理人培训，培训一批具有创新精神的职业电子商务高级管理和应用人才；千方百计引进一批电子商务高端人才，为农村电子商务提供人才支撑。2017 年，洪江市积极申报全国电子商务进农村综合示范县

（市），并进一步加强洪江市农村电子商务人才培育，成立了市电子商务培训中心，整合党校、人社、扶贫、残联、妇联等单位资源，面向20个乡镇的乡镇领导、电商专干、199个村级电商负责人、贫困户、返乡创业青年，举办了六期电子商务培训班，聘请专业的培训专家，讲解电商实用知识及上机操作技能，培训总计360余人，带动贫困人口就业1500人以上。

4. 一网尽扫，构建现代化信息化扶贫脱贫信息管理网络体系

洪江市在建立完善扶贫实体档案大数据的基础上，充分利用高速扫描仪、大容量计算机硬盘等现代化数字管理工具，将实体档案扫描制作成二维码，建立了镇、村、户三级电子档案分类管理，真正实现了全镇扶贫档案管理的规范化、高效化、信息化。镇级二维码主要包括各村基本信息、贫困人口、“两不愁、三保障”政策落实情况等数据信息；村级二维码主要包括各村贫困户数、贫困户基本信息、家庭收入及帮扶责任人等数据信息；户级二维码主要包括个人基本信息、致贫原因、帮扶措施、帮联计划、帮扶成效、帮联单位和干部等数据信息。通过将全体贫困村的贫困户纳入网格化管理，为每一个贫困户建立二维码信息档案，通过扫二维码就可以在手机查看，既保证了扶贫脱贫工作的精准性，又有利于群众通过扫码监督扶贫工作开展的全过程，保证精准扶贫工作在阳光下运行，同时也极大地提高了扶贫部门和人员的工作效率。

## （二）经验启示

洪江市充分利用“互联网+”技术的发展成果，创造新模式和新方法，精准识别贫困人口、精准帮扶贫困家庭，因人施策、因户施策，提升扶贫工作效率，最终实现全面脱贫。从洪江市成功脱贫中可以得出以下经验启示：

1. 适应时代，创新发展

在大数据时代背景下，“互联网+”已非商务精英和高级知识分子的专利，而成为百姓日常生活中不可或缺的组成部分。互联网可与任何产业结合衍生出无数个新产业和新服务。因此，在扶贫脱贫攻坚中，充分利用

“互联网+”，充分利用大数据和信息化，是时代的必然要求。在农村经济社会发展中，农民始终占据主导地位，加强贫困地区农民对于互联网、电子商务的认识，激发他们从事电商的热情，让贫困农民自愿并且乐于参与到电商扶贫工作中，增强农民自身的主动性与参与度，而非让其被动地接受政府扶贫帮助。这样才能更有效地推动电商扶贫工作的发展，取得更为理想的效果。

2. 政府主导，联动推进

“互联网+”扶贫是新兴事物，民众对其的了解、接受和运用需要一定时间和过程，对于地处“老、少、边、穷、山”地区的贫困人口更是如此。因此在电商经济、“互联网+”扶贫发展初期，政府主导作用发挥程度的好坏决定了其成败。洪江市成功经验表明，在“互联网+”扶贫上，政府须动用一切可运用的行政力量综合、立体、全方位地推动，既要“扶上马”，还要“送一程”。充分发挥政府这只“有形之手”的作用，要制定政策、扶持资金、整合资源，为电商扶贫建立良好的发展环境；要加强政府资金投入与资金利用，并积极拓宽融资渠道，鼓励各行业企业、组织团体等积极参与，构建政府、企业、社会组织共同推进电商扶贫的格局；要制定相关规章制度，规范电商扶贫的各项活动，做好电商扶贫网点建设、信息宣传、人才培训，完善物流业、运输业、仓储业等社会中介服务体系，构建电商扶贫网络体系；要打造特色产业、特色品牌，坚持因地制宜、因户制宜，积极探索运用“互联网+众筹”“互联网+微平台”“互联网+旅游休闲”“互联网+特色种植”“互联网+生态养殖”等适宜的电商扶贫模式，切实做到精确扶贫。

3. 培育主体，健全体系

通过政策引导推动、市场需求导向、企业主体运营的原则，广泛开展电子商务基地、电子商务“双创”基地和电子商务示范企业创建，培育电子商务主体，健全电子商务体系。洪江市积极对接阿里巴巴农村淘宝、邮政农村 E 邮和京东农村电商发展等项目，借力借梯发展。

通过建立电商产业园和电子商务公共服务中心，将相应资源予以整合集聚，充分发挥产业集聚效应，以集聚带扩散，以扩散促集聚，在集聚和扩散中健全电商产业体系，培育电商主体。同时，通过构建农村电子商务市场体系，畅通工业品和农产品进城渠道，实现产品的城乡合理流动，以流动促农民增收、农业提质和农村发展。洪江市以电子商务进农村为载体，争取各项资金推进电商进农村综合示范试点项目，引领农村电子商务发展取得新突破，推进农村电商公共服务体系的建设和完善，探索形成“互联网+流通+服务”的农村电商模式服务“三农”，为农村电商提供新引擎，注入新动力。此外，洪江市电子商务不断适应商品和服务消费结构升级的新需求，通过整合居民生活所需的各类服务性资源，提供个性化、便利化、精细化、智能化服务，打通保障民生的“最后一公里”。

4. 夯实基础，提升服务

发展电商，目的是发展经济，让产品卖得出、卖得好，让老百姓过上好日子。作为政府，搞好服务是应尽的职责。进一步加快贫困地区基础设施建设，如道路硬化、宽带覆盖等，致力于村村通路通网、扩大网络覆盖面，为电商扶贫提供良好的道路、宽带网络条件。以现有物流、快递为基础，打造覆盖县、乡、村“三位一体”的农村电商、物流配送网络。紧密联系邮政、快递、物流企业，共同发展农村物流，加强农村物流基础设施建设。以各物流快递站点为基础，从物流配送站点、配送队伍、配送服务等多方面入手，建立一张覆盖全市的专业、规范的物流网络。加强交通运输、贸易流通、农业生产、供销、邮政等物流企业资源共享，共同发展农村物流。

总而言之，当前我国农村扶贫工作已处于最后决胜阶段。在“互联网+”技术不断发展的当今时代，各贫困地区政府应大力建设以“互联网+”为基础的各种扶贫新模式，解决扶贫工作中的各种“硬骨头”，在农村扶贫工作高效开展的基础上保证扶贫的精准性。同时，通过新模式的应用解决农村中的各种贫困问题，最终使我国全面建成小康社会的目标如期完成。

## 三、 洪江市脱贫摘帽后面临的返贫风险和压力

实现共同富裕是社会主义社会的本质，也是人类发展的目标。洪江市实现全面脱贫向着建成小康社会迈出了坚实的一步。但贫困在人类历史上从未完全消失过，不仅脱贫工作任重道远，脱贫人口返贫现象也如影随形，是蚕食脱贫工作效果和阻碍扶贫目标实现的顽疾。洪江市也不例外，在全面脱贫后，仍然面临着相对贫困人口返贫的风险和压力。

### （一）以政府为导向的政策性返贫风险

首先，政策性脱贫人口易出现政策性返贫。在扶贫脱贫过程中，相当一部分已经脱贫的贫困户存在工资性劳务报酬收入占比低、家庭经营收入占比低的状况。也就是说，部分脱贫人口主要是依靠国家扶贫脱贫政策扶持、补助、补贴性收入脱贫，脱贫人口收入没有主要依靠产业的发展。不依托或者不是主要依托相关产业，农民收入的增加就是无源之水，是不可持续的，即使一时脱贫也难以持久，其脱贫更准确地讲应该叫作政策性脱贫。一旦2020年全面脱贫实现以后，国家政策出现变化和调整，部分补贴项目取消或补贴金额减少，就可能会出现返贫。

其次，社会管理政策和环境政策变化容易引发政策性返贫。由于脱贫时间短、脱贫人口发展基础相对薄弱、对政府政策依赖程度高、对市场适应能力弱、个人素质技能相对较低等一系列因素，政府社会管理政策的改变易引发政策性返贫。例如，在基础设施建设方面，扶贫开发过程中对于农水、交通、电力、职教培训、医疗卫生等基础设施建设的帮扶在贫困人口脱贫之后可能不再持续，使得脱贫人口发展乏力。在发展方式转变方面，区域经济社会发展中没有形成良好的“行政—市场”结合式的发展秩序，脱贫人口可能由于技能、知识等原因被信息化社会下的新型发展方式所排斥。在社会保障方面，贫困地区公共服务提供水平不高、社会保障覆盖面不宽、社会保障深度不够、保险市场发育程度较低等，致使部分脱贫

人口在遇到天灾人祸时难以有效应对，而再度陷入贫困。在区际协调方面，扶贫开发重视扶贫资源的优化配置，考虑到贫困人口生计空间的重构，传统行政区划边界划分可能成为发展要素的流动障碍，造成贫困人口发展中的资源约束与行为约束等。

环境性政策返贫在自然环境领域与社会环境领域均有所体现。在自然环境政策性返贫方面，“贫困人口赖以生存和发展的自然环境条件一般比较恶劣”是扶贫业界共识，脱贫人口赖以发展的贫瘠资源如果受限于“退耕还林”“退耕还草”“水源区保护”“降低碳排放”等生态保护政策，物价上涨和补贴降低的双重因素就会致使部分脱贫人口出现返贫。同时，如果出现生态移民，移民过程中的生计损失与随之而来的生计风险更是不可忽视。在社会环境政策性返贫方面，还会体现在旅游区内因对历史遗存的保护而出现的“因护返贫”、新村建设中的“因建返贫”等。

### （二）以返贫人口自身为导向的能力缺失性返贫压力

虽然已经实现脱贫，但部分脱贫人口自身素质技能并没有实现本质性提升，精神文化素质相对低下的状况短时间内也不可能完全改变。素质技能缺失和相对低下涉及身体素质不高、身体健康水平下降，技能素质不高、应对市场风险能力缺失，精神文化素质不高、受教育程度低、思想保守落后等方面。

在身体素质上，身体健康水平下降，存在因病、因老返贫的风险。2015 年国务院扶贫办摸底数据显示，全国 7017 万贫困农民中，因病致贫的有 42%，因灾致贫的有 20%，因学致贫的有 10%，因劳动能力弱致贫的有 8%，其他原因致贫的有 20%。人类生存发展中，疾病不可避免，脱贫人口中因病返贫比例也较大。因病返贫主要是高昂医疗费用所致，而“因老致贫”则在因病致贫的基础上又增加了人类生命周期律的影响，人老体衰，丧失劳动能力。由于养老服务体系建设滞后，随着洪江市老龄化程度的不断提高，农村老人出现成批“因老返贫”的风险也日益增大。

在技能素质上，市场风险应对能力缺失，存在因市场经济优胜劣汰而返贫的风险。从根本上讲，提高扶贫绩效要提高资源配置效率。在市场经济条件下，提高资源配置效率在于充分发挥市场机制的作用，贫困人口需要在诸多发展项目的参与中才能获取、实现自身利益。然而，市场经济条件下经济成果的分配在本质上并不偏向贫困人口，这就要求其具备一定的市场风险敏感性与风险规避能力。由于脱贫人口自身综合素质水平有限，其在脱贫初期进入市场时，市场风险应对能力的限制可能引致返贫。

在精神文化素质上，知识水平相对较低，存在因思想守旧而返贫的可能。受教育水平偏低、专业技能缺少或水平不高，致富能力弱化，是农村脱贫人口返贫的重要原因。尤其是随着农业生产现代化水平的不断提高，现代生产方式转型，许多知识技能水平相对较低的脱贫人口遭遇“适应难、就业难、发展难”等生计可持续发展困境。

### （三）以自然环境为导向的因灾返贫可能

因灾返贫是区域内地震、滑坡和泥石流等自然灾害多发而使得脱贫人口重新面临生存与发展困境。重大自然灾害一方面为区域受灾群众带来生命与财产损失，另一方面还会在一定程度上破坏公共服务设施、经济基础设施，影响区域发展环境，毁损发展根基，让扶贫投入和扶贫效果大打折扣。另外，近年日益引起社会关注的是气候突变带给贫困人口的影响，旱、涝、气候失调等原因引发水资源分配不均和气温升高，严重影响粮食正常生产，致使依赖农业收入的“对气候变化责任最小的贫困人口承担着气候变化带来的最大的威胁”。

### （四）以其他约束性因素为导向的发展型返贫可能

发展型返贫主要表现为宏观区域发展中脱贫人口的返贫与微观脱贫人口追求生计发展中的返贫。一是地方政府因经济发展而忽略“环境保护”和“收益公平分配”，从而导致“组织力量相对缺乏、在谈判中处于弱势地位”的脱贫人口返贫。二是脱贫人口在追求发展过程的支出型贫困，比如因教致贫、因学致贫等。

## 四、 洪江市防返贫的机制构建

在总结“互联网+”扶贫脱贫成功经验的基础上，进一步发挥“互联网+N”的经验和优势，提升防返贫意识，构建和完善返贫预警和预防机制。

### （一）继续发挥“互联网+管理”优势，建立健全返贫动态跟踪管理和返贫预警机制

一要进一步健全返贫动态监控机制。在二维码电子扶贫档案基础上，进一步健全和完善关于脱贫户和脱贫人口的动态信息管理系统，并在此基础上建立分类动态管理台账，以确保全面及时地掌握脱贫人口的发展情况，根据脱贫户现有的产业、副业、外出务工及经商等收支状况，将其划分为不易返贫户、容易返贫户和极易返贫户 3 个不同的等级。对已经脱贫的人口进行跟踪监测，并强化对相对脱贫户、贫困边缘户的后续帮扶工作，有效防止“刚越线，又返贫”现象的发生。

二要建立“因势利导、分级施策”的帮扶机制。要针对不同等级的脱贫户采取不同的帮扶政策。对一级脱贫户以“帮”为主，对二级脱贫户以“扶”为主，对三级脱贫户以“引”为主，正确运用“授渔”与“授鱼”的法宝，妥善处理“造血”与“输血”的关系，通过分级监控、分级管理、分级施策，提高脱贫户的自我发展能力。

三要进一步建立健全脱贫摘帽的激励机制。要积极引导脱贫户转变思想观念，力争实现脱贫户争相致富奔小康的局面。建立脱贫防返贫激励机制，对按时限要求脱贫了且不再返贫的脱贫户给予政策、资金、贷款等方面的激励，确保其发展壮大，永续脱贫。充分利用“互联网+管理”优势，加强精准扶贫脱贫的跟踪保障和防返贫预警机制建设。通过健全脱贫人口返贫风险预警，完善脱贫人口后期扶持。

### （二）继续坚持“互联网+产业”做法，构建特色产业综合支持机制

继续大力推进“互联网+产业”扶贫，培育和挖掘具有本地特色的扶贫支柱产业，是刚脱贫并且还处在贫困边缘群众稳定增收的主要渠道，也是防止已经脱贫群众再次返贫的有效举措。

一要明确发展目标，用现代发展理念和互联网信息化思维引领产业发展。在加大产业扶贫的过程中，要始终坚持以科技为支撑、以市场为导向、以效益优先为原则，紧紧依托当地资源禀赋和产业基础，认真做好产业规划，发展当地特色优势产业，不断巩固脱贫户的经济基础，确保其永续脱贫。

二要强化科技支撑，用现代科技促进产业发展。科学技术是第一生产力。产业扶贫过程中，必须高度重视先进种养技术的推广、普及和运用。要坚持将技术人员“送下去”教与种养户“请上来”学相结合，壮大送科技下乡力度，帮助贫困户提高运用先进技术增产增收的能力。

三要大力拓展市场，充分运用互联网，以现代经营形式推进贫困地区产业发展。壮大扶贫产业必须以市场为导向，积极扶持具有强劲市场竞争力的优势产业，要指导贫困群众根据本地资源承载能力和市场发展空间来发展特色产业，以帮助他们合理确定产业发展规模，避免“增产不增收”等情况的出现，切实提高产业扶贫的效益。

### （三）充分运用“互联网+公共服务”经验，强化基础设施和公共服务供给机制

开展扶贫、脱贫、防返贫工作需要良好的环境，应继续加大基础设施建设力度，强化公共服务供给力度。这主要体现在以下两个方面：

一方面，对城乡周围的环境进行合理建设。为使城乡周边环境得到综合治理，应将美丽城乡作为基础建设的重要开展方向。城乡周边环境的整治，主要从脏水排污、旧房改造、土地平整等方面入手。为更好地提升城乡周边环境的面貌，应不断改善贫困户的生活环境和生活方式，促使贫困

户的生活环境和生活方式得到进一步的优化，为贫困户的未来发展奠定基础。

另一方面，加强城乡公共服务建设。第一，创建健全的医疗救助体系。可以通过宣传的方式，扩大新农合的参保比例。第二，大力重视饮水工程建设。为使贫困户能够饮用到安全的水，应将中心水池的建设放在第一位，并进一步提升饮水工程的建设质量。第三，改善农田水利设施建设。对农田水利设施进行改造，为贫困户的耕种提供便利条件，进一步提升贫困户的耕种质量。第四，改善通信设施建设。为确保每个村都具备先进的广播、宽带等技术，应不断对通信设施进行优化，从而为农村未来的电子发展提供有效保障。

### （四）探索“互联网+教育”路径，构建贫困人口内生动力激活机制

扶贫开发不能“等靠要”，贫困地区的内生动力对脱贫攻坚至关重要。预防返贫，同样需要激发贫困群众永续脱贫的内生动力。

一要扶贫先扶志。要想方设法把贫困群众自主脱贫致富的积极性和主动性充分调动起来，积极引导其树立脱贫致富主体意识，激发其脱贫致富的干劲和决心，在政府的帮扶下，靠自己的努力改变贫困落后的命运。

二要扶贫必扶智。加大对贫困地区教育扶贫力度，让这些地区的孩子接受良好教育，是阻断贫困的有效途径，也是有效遏制脱贫群众再次返贫的重要举措。要继续加大对农村教育资金和师资等方面的投入力度，争取在最短的时间内缩小城乡教育差距，让贫困地区的孩子接受更好的教育，有效阻断贫困的代际传递。要加大对脱贫人口的技能指导，以防发展特种种养业的群众在技术人员入场帮扶时暂时脱贫，技术撤出后立即返贫。要通过群众自身技能的增强，从根本上改变贫困人口生产技术落后的现状。

三要扶贫除陋习。要通过宣传教育，引导贫困群众建立科学的消费观念，养成健康的生活习惯。坚决刹住婚丧嫁娶上铺张浪费和相互攀比之风，教育广大贫困群众有病及时治疗，以降低小病拖成大病风险。

无论是在产业优化方面，还是在发展互联网企业方面，都需要贫困户具备较高的综合素养、较好的专业技能，这对脱贫防返贫工作的开展也有至关重要的作用。为此，需要做好以下工作：第一，根据企业的实际发展状况，了解企业自身发展的需求，对贫困户开展有针对性、有目的性的专业技能培训，不断提高贫困户的知识水平、技能水平和综合素养。除此之外，社会还应对贫困户实行优惠政策，针对未能考上高中的贫困户以及经济条件较差的贫困户，要求各职能部门或是培训机构对其开展专业技能培训，促使贫困户在专业技能培训的基础上得到就业的机会。第二，为使贫困户适应当今不断变化的环境提出的更高要求，可以结合企业的实际发展需求，定期为贫困户开设相关专业技能讲座。①

---

① 张鹏飞．关于返贫防控机制建设的几点思考［J］．法制与社会，2017（11下）：128-129.

# 第十章 创新“大关爱+脱贫攻坚”模式筑牢防返贫的底线

——以怀化市新晃侗族自治县为例

消除贫困、改善民生而逐步实现共同富裕，是社会主义的本质要求，是中国共产党的重要使命。武陵山片区集革命老区、民族地区和贫困地区于一体，是贫困人口分布广的连片特困地区。新晃侗族自治县作为省级扶贫开发重点县、武陵山片区区域发展与扶贫攻坚重点县和省定革命老区县，脱贫攻坚任务艰巨。近年来，新晃县以政治高度坚决打一场攻坚战，充分贯彻落实党中央关于精准扶贫、精准脱贫的各项政策措施，主动融入区域发展与扶贫攻坚主战场，在实现区域整体脱贫、同步全面小康上作了大量探索，尤其针对当前脱贫攻坚中弱势群体帮扶盲点进行精准施策，创新形成“大关爱+脱贫攻坚”模式，值得其他贫困地区脱贫攻坚参考借鉴。

## 一、新晃县“大关爱+脱贫攻坚”模式的形成过程

### （一）基于当前贫困人口面临的现实问题

作为武陵山片区区域发展与扶贫攻坚重点县，新晃县贫困点多、面广、程度深，有4个比较深层次的贫困问题。

一是贫困人口发展能力较弱。在新晃县的建档立卡贫困人口中，大部分贫困人口为初中学历，自我发展能力较差，“造血”能力较弱；近40%

的贫困人口为因病致贫，无劳动能力。

二是特殊困难群体问题较为突出。新晃县属于老少边贫地区，过去底子较薄，贫困程度较深，减贫难度较大，存在大量的特殊困难群体。但在实际的扶贫、脱贫举措当中，存在一定盲点，兜底政策没有对此类群体进行全面覆盖。

三是脱贫人口易返贫。因病、因学、因婚、因房等返贫的情况时有发生，贫困人口脱贫与返贫相互交织，因重度残疾、重大疾病、年老体弱致贫的占近40%。因教返贫的现象仍是常态，中高等教育费用在农村家庭经济支出中仍占相当大的比例。同时，因自然灾害、市场风险致贫等也占很大一部分。还有相当一部分贫困户是病残、精神障碍和无劳动力户，基本难以脱贫。特别是处于贫困线临界值之上的农户，因病、因灾极易返贫。这类群体无法直接享受精准扶贫带来的政策红利，抗灾抗风险能力较弱，容易演化成为相对弱势群体。

四是非贫困村的贫困户脱贫难度大。目前，财政专项扶贫资金主要集中在工作队驻点的贫困村，而非贫困村中的扶贫对象户只能享受到危房改造、小额信贷贴息、黄牛重点产业及“雨露计划”等普惠性政策扶持，所获扶持资金远远少于贫困村中的扶贫对象户，基本要靠自身发展脱贫，影响了脱贫攻坚的均衡推进。

### （二）基于以往扶贫攻坚工作的现实基础

结合现实问题，新晃县一直努力探索以“大关爱”促脱贫攻坚。

一是出台了相关政策。2012年7月，新晃县创造性地出台《关于加强关爱孤寡老人工作的暂行办法（试行）》（晃办发〔2012〕36号），对无赡养人、丧失生活自理能力、年收入在最低生活保障线以下、年龄60周岁以上的老年人聘请关爱员进行“一对一”的基本生活照料，并给关爱员发放每人每年600元的关爱补助。实践1年后，2013年7月又重新修订出台了《新晃侗族自治县关爱孤寡和留守特殊生活困难人员工作暂行办法》（晃办发〔2013〕27号）。通过以上文件明确了具体措施。第一，提出了工作要求。要求领导高度重视，加强宣传和领导。第二，明确了关爱机构。由县政府成立县长任组长的领导小组，乡镇和村（社区）也成立相应的领导小组和关爱中心。第三，确定了认定程序。由村（居）委会摸底、公示、申报，经过乡镇调查核实、公示后，上报县关爱办审核、公示；一年一审，实行动态管理。第四，制定了关爱措施。对每名关爱员每年补贴1000元，纳入县财政预算；制定关爱服务工作内容及标准，加强关爱服务考核登记；建立网上关爱信息平台；积极开展关爱活动；加强组织统筹协调。

二是取得了一定成效。4年来的关爱工作，为关爱对象在煮饭或供吃饭，换洗衣服、床单、被套，洗澡，打扫房间卫生，取钱，购物，看望谈心，病重就医，法律维权等方面所做的工作，切实保障了困难弱势群体的生存和发展，使他们能够有尊严地生活，切实感受到党和政府的关心以及社会主义大家庭的温暖。这项工作切实保障了困难弱势群体的生存和发展，在县内得到了社会群众的普遍赞许，在省、市得到了相关领导的高度评价。现有政策下，存在困难帮扶未全覆盖、返贫帮扶不及时、帮扶政策分散、帮扶方式单一等问题。新晃县进一步梳理上级相关文件精神，总结过去经验，对县级层面社会关爱制度进行改革，创造性出台普惠民生的“大关爱”政策，在2016年4月制定《建立社会大关爱机制暂行办法》，坚持以“共享发展”为目标，以深入推进脱贫攻坚、全面建成小康社会为目标，按照“政府主导、部门实施、社会参与、分步推进”的总体思路，建立“求助有门、帮扶有章、关爱有效”的社会大关爱机制。

### （三）基于上级社会关爱政策的有关精神

《中共中央关于制定国民经济和社会发展第十三个五年规划的建议》中指出，“坚持共享发展、着力增进人民福祉”“加强对特定人群特殊困难的帮扶”“建立健全农村留守儿童和妇女、老人关爱服务体系”“统筹救助体系，强化政策衔接，推进制度整合，确保困难群众基本生活”。《国务院关于加强农村留守儿童关爱保护工作的意见》中提到，以促进未成年人健康成长为出发点和落脚点，坚持依法保护，不断健全法律法规和制度机制，坚持问题导向，强化家庭监护主体责任，加大关爱保护力度，逐步减少儿童留守现象，确保农村留守儿童安全、健康、受教育等权益得到有效保障；坚持家庭尽责、政府主导、全民关爱、标本兼治的原则，强化家庭监护主体责任，落实县、乡镇人民政府和村（居）民委员会职责，加大教育部门和学校关爱保护力度，发挥群团组织关爱服务优势，推动社会力量积极参与；建立强制报告机制、完善应急处置机制、健全评估帮扶机制、强化监护干预机制；为农民工家庭提供更多帮扶支持，引导扶持农民工返乡创业就业。

## 二、新晃县“大关爱+脱贫攻坚”模式的重要意义

### （一）大关爱工作是以民为本的具体体现

党的十八大明确提出，加强社会保障体系建设，必须以保障和改善民生为重点，解决好人民最关心、最直接、最现实的利益问题，在学有所教、劳有所得、病有所医、老有所养、住有所居上持续取得新进展，努力让人民过上更好生活。特别是困难弱势群体，需要党和政府以及全社会给予他们更多的关爱，切实保障他们的基本生活。这正是新晃县出台大关爱政策的出发点和最终目的。保障困难弱势群体的生活也是我们党和政府义不容辞的责任，抓好大关爱工作不仅是一项具体的民生工作，也是一项重要的政治任务。

### （二）大关爱工作是构建和谐社会的迫切需要

随着改革的深入、利益关系的调整，各种社会问题和社会矛盾还会不断出现。一个规模庞大的弱势群体的基本生活得不到保证、基本权益得不到维护，社会主义和谐社会的构建就无从谈起。出台大关爱政策就是让困

难弱势群体能够分享经济社会发展和改革开放的成果，有效解决他们生活中面临的各种困难，从源头上解决社会问题和社会矛盾，促进社会公平，维护社会稳定，加快推进和谐社会建设。

### （三）大关爱工作是推进脱贫攻坚的重要手段

新晃县通过4年来的关爱工作，较好地解决了新晃县孤寡、留守的特殊生活困难人员日常生活起居问题，使他们能够有尊严地生活。目前，在脱贫攻坚、全面建成小康社会的大背景下，进一步深化、拓展关爱制度，针对所有困难弱势群体，从低层次的简单保障，转变为物质和精神生活方面的全面保障。要深刻认识到大关爱工作既是一项民心工程、德政工程和责任工程，又是推进脱贫攻坚、全面建设小康社会的重要手段。

## 三、新晃县“大关爱+脱贫攻坚”模式的具体做法

### （一）精准识别，把全部弱势群体纳入大关爱范围

通过精准识别，确定大关爱的范围是前提。针对过去政策帮扶范围较窄的问题，新晃县大关爱政策将关爱对象由原来的孤寡、留守的特殊生活困难（特指丧失部分生活自理能力）人员，拓展到农村建档立卡贫困户家庭、城乡低保家庭、因病因灾致贫城乡居民家庭、因病致贫干部职工家庭、失独家庭、单亲家庭、住房困难家庭、零就业困难家庭、法律维权困难家庭、农村“五保”人员、城市“三无60”人员、困难党员、困难村干部、空巢老人、留守儿童、因父母服刑而无人照看的未成年人、因父母患有精神疾病而无人照看的未成年人、因父母吸毒而无人照看的未成年人、孤儿、弃婴、留守妇女、重性精神病人、残疾人、社区矫正人员等9类家庭15类困难群众，涉及33000余人，覆盖全县所有的困难群体。同时，制定救助对象审核程序，做到有申请、有核查、有公示、有审批、有

档卡。建立关爱对象数据台账，建立起各类特殊困难家庭和人员信息库，确保救助对象信息真实、可靠、管用。定期对纳入大关爱的救助对象开展以“一看、二访、三核、四定”为流程的调查核实，避免过度救助或救助不到位的情况发生。

## （二）分类施策，优化提升弱势群体关爱方式

在明确了政策施予范围的情况下，确定工作方式是重点。针对困难弱势家庭或人员的不同需求，因人而异、分类施策，给予量身定制的关爱与救助。一是资金救助或补助。给予特困供养补助、低保补助、孤儿补助、医疗救助、灾害救助、临时救助、慈善助学贫困学生补助、特困老师救助、计生特困家庭特别扶助与意外救助、养老保险补助、职工医疗互助、贫困户产业帮扶等。二是费用补贴或减免。给予住房租赁补贴、社会保险补贴、重度残疾人护理补贴、困难残疾人生活补贴，减免学杂费、考务费、医疗费，免费实施脑瘫儿童抢救性康复、白内障患者复明手术，贷款贴息，等等。三是物资发放或赠送。发放救灾物资、慈善捐赠物资，赠送残疾人生活辅助器具，等等。四是生活照料或服务。特困集中供养服务、日间照料服务、居家养老服务、对孤寡留守特殊生活困难人员的结对关爱服务等等。五是救治或安置。将重性精神病人送到精神病院救治，将流浪乞讨人员引导到救助站临时安置，对受灾人员实施过渡性生活安置，等等。六是资助参保。资助特困供养人员、低保人员、优抚对象、计生特困家庭参加新农合或居民医保，资助“‘五保’‘三无’、低保、计生、优抚”5类老人参加意外伤害保险，等等。七是就业救助。安置公益性岗位，实施就业培训、免费职业介绍，给予创业贷款贴息、缴纳社会保险补贴，等等。八是住房救助。实施农村危房改造，配租公共租赁住房，给予住房租赁补贴，等等。九是情感关怀。对孤寡人员、空巢老人、留守儿童、留守妇女的关爱，重点是情感关怀。十是司法援助。对一些合法权益受到侵害而又不会打官司、无钱打官司的困难家庭或人员，给予司法援助。十一是社区矫正。对一些违法青少年、吸毒人员，在社区实施教育、帮助和引

导，使他们更好地回归社会、走上正道。

### （三）多措并举，全面保障大关爱政策顺利实施

为了确保工作有效，需要确立保障机制。从具体的保障措施来看，一是整合政策资金。在政策方面，赋予群众公平获取政策的信息渠道，适度突破部门政策限制，打破“部门资金部门用”和“专款专用”的惯例，最大限度地关爱救助困难人群。避免出现政策对困难群众的帮扶救助厚此薄彼的现象。在资金方面，在国家法律和县财力允许的范围内，根据关爱对象类别，在设定年度救助资金上限的同时，适度突破个人承担部分关爱救助力度。二是简化救助程序。建立两种申请帮扶救助渠道。一种是各职能部门按照制定的大关爱项目实施细则直接受理并办理。另一种是在乡镇便民服务中心设置“关爱服务窗口”，先统一受理，再代为办理或分转办理。三是广泛宣传政策。通过会议、网络、电视、手机报、手册、宣传画等多种形式进行宣传，使每项关爱政策的对象条件和办理程序家喻户晓。同时，充分发挥“互联网+民生”的作用，将政策内容、困难求助、对象识别、政策落实、典型事迹等在网上公开，增加关爱工作的透明度，提升群众知晓度。

## 四、新晃县“大关爱+脱贫攻坚”模式的主要成效

### （一）实现医疗救助全覆盖

一是新增农村二类、三类低保对象，城市低保对象和一级残疾人作为新农合、新农保参保全额资助对象，共资助 2.4 万人，落实资金 369 万元。二是对农村“五保”对象、孤儿、一类低保对象、一级残疾人等特殊困难人员，通过提高救助比例、提高补助标准等方式，实施住院医疗救助，共惠及 1045 名困难群众，落实资金 1013 万元。三是将建档立卡贫困户 4.9 万人纳入新农合全额资助，落实资金 620 万元。四是对破产企业困难人员

实施门诊救助和特殊门诊救助，共救助 1121 人次，落实资金 70. 6 万元。五是实施职工大病医疗互助，共救助 483 人，落实资金 64 万元。六是对困难群众实施医疗救助，共救助 402 人，落实资金 32 万元。七是救助重度精神病患者 152 人，落实资金 98 万元。八是开展妇女“两癌”救助 16 人，落实资金 3. 9 万元。九是新晃县财政拿出资金，对参加本县城镇职工医保、城乡居民医保的新晃县居民，当年年度内因病住院治疗，经过医保、大病保险报销及民政、工会、民宗等各项救助后，个人自付部分超过起付线（二类和三类低保人员为 5000 元，贫困户为 1 万元，一般对象为 2 万元）的对象，进行大关爱医疗救助。特困供养人员、城乡一类低保、孤儿、重性精神病患者、一级残疾人个人自付部分在县内定点医院的按 100%的比例救助，在县外住院的按 80%的比例救助。二类和三类低保户、建档立卡贫困户、一般人群起付线至 3 万元的部分按 80%的比例救助，3 万~8 万元的部分按 70%的比例救助，8 万~15 万元的部分按 60%的比例救助，15 万元以上的部分按 50%的比例救助，年度最高救助限额为 30 万元。2017 年 1—11 月共实施医疗大关爱救助 357 人，落实资金 466. 84 万元。2018 年在此基础上又以县政府办名义出台了《关于调整“社会保障兜底一批”标准的通知》（晃政办函〔2018〕6 号），将建档立卡贫困人口的大关爱住院医疗救助政策进行了调整，不设救助起付线，直接按政策综合报销比例达到医疗总费用的 92%进行差额救助，适当超过国家规定的 90%。

### （二）实现教育救助全覆盖

一是对特殊困难教师实行兜底关爱，共救助 112 人，落实资金 38. 2 万元。二是学前资助，发放幼儿入园补助金，共惠及 791 名学前儿童，落实资金 39. 5 万元。三是义务教育阶段学生资助，共资助 2569 人，落实资金 145 万元。四是普通高中学生资助，共救助 676 人，落实资金 135 万元。五是中、高等职业学校学生资助，共救助 280 人，落实资金 28 万元。六是大学生资助，共资助 643 人，落实资金 511 万元。七是农民大学生培养，共资助 96 人，落实资金 40. 32 万元。八是助学金，共惠及 394 名学生，落实资金 43 万元。九是资助残疾学生 40 人，落实资金 6. 68 万元。

## （三）实现就业帮扶全覆盖

一是对有劳动能力的失业人员、农村劳动者等对象进行就业技能培训补贴，共补贴 188 人，落实资金 9. 1 万元。二是加大残疾人就业关爱，为残疾人就业创业安排各类资金 29. 38 万元，20 人顺利实现就业。三是设置公益性岗位，惠及城镇零就业家庭成员、烈士家属等特殊困难成员 617 人，通过就业保障其基本生活需求。

## （四）实现住房救助全覆盖

为使贫困群众住有所居，全县加大了危房改造救助的力度，对“五保”户，低保户，贫困残疾人，因灾倒房、无经济来源的特困户等群众按标准进行救助。危房改造救助资金 912 万元，惠及 633 户；对自然灾害造成住房倒塌或主体结构损坏致使无法居住的困难农户实施住房救助 26. 8 万元，惠及 43 户；发放住房补贴 32. 5 万元，惠及 636 户；减免 231 户低保户公租房租金 19. 9 万元；发放地质灾害搬迁避让资金 420 万元，惠及 84 户；发放异地扶贫搬迁资金 19296 万元，惠及 804 户。

## （五）实现困难救助全覆盖

一是救助村干部、困难党员 30 人，落实资金 5. 4 万元。二是通过“一对一”形式进行结对关爱，将全县 262 名孤寡、留守的特殊困难人员纳入关爱范围，落实资金 37. 4 万元。三是加强临时生活困难救助，共救助 1418 人，落实资金 95. 43 万元。四是在残疾人救助方面共发放各类资金 213 万元。五是加强特困干部职工家庭救助，共救助人员 180 人，落实救助资金 46 万元。六是落实农户生产保险资助金 900 万元。七是对建档立卡扶贫对象户实施产业帮扶，贫困户已从企业分红 282 万元。八是对所有纳入关爱对象的群众实施法律援助和司法救助，2016 年已实施法律援助 121 次、司法救助 113 次。

## 五、 新晃县“大关爱+脱贫攻坚”模式的示范价值

大关爱改革，是结合当地贫困群体实际情况，因地制宜开展扶贫攻坚工作的一次探索。经过近几年的努力，为总体扶贫工作的推进提供了示范。

第一，“大关爱+脱贫攻坚”是凝心聚力的关键。中国共产党坚持为人民服务的宗旨。“大关爱+脱贫攻坚”模式的改革探索，就是围绕党的十八大关于加强社会保障体系建设的精神，着眼于从根源上解决社会问题和社会矛盾来开展的。当前，新晃县各项工作的落实都得到了群众的积极支持和配合。实践证明，大关爱工作实践是一项民心工程、德政工程和责任工程，在新的形势下只能够加强、不能够削弱，也是对脱贫人口全面覆盖式脱贫举措的一次很好的探索。

第二，“大关爱+脱贫攻坚”是推动发展的动力。新晃县为了切实解决人民群众因病致贫、因病返贫的突出问题，在全国率先推行“政府主导、社会参与、关爱为辅、自强为主”的医疗大关爱政策。此举就是要让广大人民群众特别是特殊困难群众更好地共享发展成果，使仍有潜力的困难群众，能够通过帮扶救助，进一步提振信心，放大胆子、放活思路，放开手脚、迈开步子，全身心地投入以创新创业为主旋律的发展中来。该项政策从2016年7月实行以来，除各部门上级对口救助帮扶资金外，仅县财政大关爱专项资金，首次或第三次救助的困难群众就达70人，救助资金达101万元，单个最高救助资金达13万元。根据调查结果来看，较改革前，对困难群众的救助效果更好，群众反馈更好，困难弱势群众的幸福感得到普遍提升。

第三，“大关爱+脱贫攻坚”是现行政策的扩展。在现有政策下，脱贫攻坚无法覆盖到每一个贫困人口以及相对贫困人口，存在一定的盲点。这个问题，在武陵山片区以及全国各地的贫困地区当中都存在。如果新晃县“大关爱+脱贫攻坚”模式能够推广施行，可以有效地解决这个问题。从广义上来讲，即使全国完成了脱贫攻坚、全面小康任务之后，仍然会有部分贫困线临界值之上的相对贫困人口面临返贫的问题，大关爱政策可有效地解决这一问题。

# 第十一章　发挥主城区脱贫与防返贫的引领作用

## ——以怀化市鹤城区为例

随着工业化、信息化、城镇化、农业现代化的深入推进，城市的发展辐射着周边区域，带动着整个区域的经济社会发展，示范引领着农村发展，有力推动着农村贫困人口脱贫防返贫，成为区域发展和农村脱贫的“发动机”。鹤城区是怀化市的唯一市辖区，是湖南省“一极两带”中的最重要的三个增长极之一，也是武陵山片区及周边300千米范围内人口最多、面积最大、交通最发达、产能最强、基础最好、生态资源最丰富的中心城市，是武陵山片区区域发展与脱贫防返贫的“发动机”。2014年以来，鹤城区始终把脱贫攻坚作为全区最大的政治任务、最大的民生工程和统领全局的头等大事，以脱贫攻坚统筹区域发展，以区域发展引领脱贫攻坚。全区紧紧围绕“户脱贫、村退出、区摘帽”目标，深入实施“九大措施”“七个一批”“四跟四走”等工作措施，强力推进脱贫攻坚，真扶贫、真脱贫取得明显成效。2018年4月，湖南省政府批复鹤城区脱贫摘帽，并在全省一类县（市、区）中综合评价为“好”，在整个怀化市乃至武陵山片区打赢脱贫攻坚战中起到了示范带头引领作用。总结鹤城区脱贫攻坚经验，探索主城区发展促脱贫防返贫模式，不仅可以引导怀化市脱贫攻坚和防返贫工作深入开展，也可以为整个武陵山片区乃至其他集中连片特困地区的脱贫攻坚工作提供有益借鉴。

## 一、 鹤城区脱贫攻坚的背景

鹤城区成立于1998年4月，地处湘鄂渝黔桂五省交界处，生态优良，交通便捷，是怀化市唯一主体城区、省分类指导全面建设小康社会考核一类县（市、区）、武陵山片区规划建设6个中心城市中人口最多的城市，系军事禁区、国家生态功能区、革命老区，2013年起比照执行省级贫困县政策。全区总面积722.8平方千米，辖7个街道、3个乡镇和1个旅游度假区，全区总人口60.96万人，其中农业人口12.2万人。2017年，全区完成区内生产总值355亿元，同比增长8.1%；公共财政收入11.58亿元，同比增长14.5%；城乡居民人均纯收入分别达到29964元、13035元，分别同比增长8.1%、10.3%。2018年1—6月，完成区内生产总值186.2亿元，同比增长8.8%；公共财政收入7.01亿元，同比增长15.26%；城乡居民人均纯收入分别达到17107元、7463元，分别同比增长8.6%、10.6%。

2014年，全区建档立卡贫困村31个，建档立卡贫困对象4749户16164人，贫困发生率12.8%。经过区划调整和精准识别核查清理，全区建档立卡贫困村20个，有100名以上贫困人口的非贫困村15个，建档立卡贫困对象4437户15131人。作为怀化市主城区，鹤城区脱贫攻坚工作与怀化市其他市县相比存在3个特点：一是总量不大，贫困人口仅4437户1.5万余人；二是贫困程度不深，全区农村人均可支配收入13000元，远远超过了全市农村人均可支配收入8831元；三是城乡一体，城市对农村的带动力和辐射力强，产业发展优势和就业机会相对较好，农村可以得到城市更多、更直接的支持和帮助。

怀化市是在武陵山片区城市体系中居于核心地位、发挥主导作用的城市。作为唯一的主城区，鹤城区是怀化市行政、文化、商业等功能最为集中的地区，责无旁贷地承担起了怀化市脱贫攻坚与区域发展“发动机”的主要任务。一方面，全区从思想上高度重视，举全区之力，调动一切积极因素，坚决打赢脱贫攻坚战，起到主城区的引领作用；另一方面，全区整合一切可以整合的力量、资源、资金，全力推进和完成“七大政策”“九大工程”，具体落实脱贫攻坚的每一项任务。

## 二、 鹤城区脱贫攻坚的主要措施

鹤城区2014年以来坚决按照党中央、国务院的决策部署，不仅把脱贫攻坚作为全区最大的政治任务、最大的民生工程和统领全局的头等大事来抓，也要求全区各级各部门围绕市委明确的攻坚重点和目标任务，强化主城区担当。区委切实发挥总揽全局、协调各方的作用，团结带领区人大、区政府、区政协等几大班子一齐上阵，全区动员，全党动手，全民参与，紧扣对标“三率一度”，始终坚持“六个精准”，严格军令状，挂出作战图，全力以赴确保脱贫摘帽目标实现。

### （一）精心谋划实施

一是强化领导。成立了全区扶贫开发领导小组，区委书记担任组长，区长担任第一副组长，区委副书记、区人大主要领导、区政协主要领导等9名区级领导担任副组长，53名区直部门负责人担任成员，全盘统筹谋划部署脱贫攻坚工作。2014—2017年，区委常委会议、区政府常务会议专题研究脱贫攻坚工作30余次，召开全区性大会40余次、扶贫开发领导小组联席会议60次以上。区委、区政府主要负责人走访贫困村，乡镇党政负责人走访贫困户实现全覆盖。

二是政策指导。制定《精准扶贫工作规划（2015—2020年）》《脱贫攻坚工作方案》《易地扶贫搬迁项目建设工作方案》《脱贫摘帽作战图》等规范性、指导性、行业性文件20余个，确保了各个阶段工作有章可循、有序推进。

三是压实责任。建立区领导、区直单位、乡镇（街道）、村支“两委”、驻村工作队、帮扶责任人6个层次的责任体系，全面落实党委政府负主体责任、党政“一把手”负总责的脱贫攻坚责任制，区、乡、村 3 级层层立下军令状、签订责任书，脱贫攻坚绩效考评分值占比由 8% 提高到 17%，考评结果与单位和个人绩效考核、评先评优、奖金发放直接挂钩。

四是督导巡查。成立区级领导牵头的 7 个巡查督导组，专职负责全覆盖巡查督导；成立脱贫摘帽工作直报组，专职负责交办问题、督导整改。先后开展 6 轮全覆盖巡查督导，及时交办、跟踪督办台账不实、工作缺点、资金监管等突出问题，86 件省、市交办问题全部整改到位，完成销号管理。

五是严格追责。全面落实《脱贫攻坚工作考核办法》《脱贫摘帽责任追究暂行办法》等规定要求，累计立案审查扶贫领域违纪问题 11 人、诫勉谈话 5 人、廉政约谈 32 人、通报批评 9 人，整体撤换工作队 1 支。

六是宣教引导。编印发放《脱贫攻坚工作手册》《脱贫攻坚到户政策口袋书》《就业就学就医政策告知书》等利导政策宣传册，覆盖所有贫困户和帮扶干部，累计培训贫困对象 1.4 万人次，选派 900 名贫困对象赴省内中、高等院校学习。广泛开展农村“清洁家庭户”“勤劳家庭户”等系列评比活动，实行“小奖大评”，极大地引导提升了贫困对象脱贫的致富内生动力、技能素质、利导政策知晓率及扶贫工作认可度。

## （二）落实“七大政策”

一是发展生产。按照自主发展、委托扶贫、入股专业合业社、产业奖补、发展光伏、收购电站等多种方式，因地制宜发展特色产业。2014—2017 年，整合投入产业扶贫资金 1.38 亿元，发放产业奖补资金 600 万元，形成了板栗坪龙虾、长潭甲鱼、尽远蛋鸡、仇家香菇等区域性特产品牌，探索了黄岩乡村农业旅游、坨院九丰现代观光农业等新型产业扶贫模式。

二是就业帮扶。培训“两后生” 103 人，开发就业扶贫特岗 500 个，实现贫困劳动力转移 1960 余人，贫困户稳定就业达 2460 余人、临时就业达 3300 余人，就业人数占贫困劳动力的 70% 以上。全区发放贫困对象劳务交通补贴 4559 人 118 万元。通过就业，带动 10800 余人脱贫。

三是易地搬迁。坚持“小集中、多产业、大帮扶”模式，投入资金8322万元，新建易地搬迁分散安置房48处、集中安置点13个，安置入住贫困对象1389人，全面完成“十三五”易地扶贫搬迁任务，2016年被评为全市易地扶贫搬迁先进县（市、区）。

四是生态补偿。落实建档立卡贫困人口生态护林员40人40万元。

五是发展教育。2014—2017年，累计投入教育扶贫资金2.3亿元，发放教育助学补助资金1500万元，资助建档立卡贫困家庭学生5000余名，贫困家庭学生扶贫助学覆盖率、职业学历补助覆盖率、适龄学生九年义务教育巩固率均达100%。

六是医疗救助。2017年累计投入健康扶贫资金1000余万元，定点医疗机构“先诊疗后付费”、“一站式”结算、扶贫特惠保等政策全面落实，贫困人员就医费用报销比例提高10%，大病保险补偿起付线降低50%，建档立卡贫困人口参加城乡居民医保个人缴费部分实现财政代缴，健康扶贫远程诊疗项目平台基本建成，贫困对象住院“就医明白卡”全部发放到位，居民健康卡完成数据录入。

七是保障兜底。农村低保、社会保障兜底脱贫对象认定清理整顿全面完成，严格落实供养政策。2017年132名政策兜底对象供养标准提高至280元/月，实现低保线与扶贫线“两线合一”，同时通过委托产业扶贫入股100万元并享受分红。

### （三）推进“九大工程”

一是危房改造。统一贫困户、非贫困户政策标准，推进农村区域危房改造全覆盖。2014—2017年，投入资金1.28亿元，新建改建C级、D级危房7722户，其中贫困户2771户。有意向且符合政策改造危房的农村居民全面普惠。

二是农村公路建设。2014—2017年，融资2亿元，新建农村村组公路7条27.4千米，提质改造33条102千米，完成安保设施35条125千米，改造危桥4座，农村区域交通出行条件明显改善。

三是安全饮水工程。累计投入资金 9356 万元，实施安全饮水工程 190 处（点），解决饮水不安全问题 6 万人，其中贫困人口 1.38 万人。

四是农村卫生室建设。新建标准化村级卫生室 41 个，20 个贫困村标准化卫生室建设实现全覆盖。

五是农网改造。新建及改造农村电网 4 批次，纳入鹤城区考核的 15 个贫困村农网升级改造全部完成（长潭村等 5 个贫困村纳入中方县考核）。

六是信息化扶贫。全区 62 个行政村所在地、学校、乡镇卫生院及村民集中区域通信 4G 覆盖率 100%；80%以上行政村村委会、学校、卫生所等重点场所通达光纤宽带，其中 20 个贫困村光纤通达率 100%。

七是农村综合服务平台建设。投入资金 3200 万元，新建和改造含 20 个贫困村在内的农村综合服务平台 26 个 1.33 万平方米，电子政务平台、终端服务一体机等配套设施齐全，党建、便民、农业等村级综合服务功能完备。

八是文化扶贫工程。新建综合文化服务中心 33 个，改建 29 个；按照“书香鹤城”要求，建成“农家书屋”62 个、“村村响”工程 52 个；所有行政村体育器材、文化音像设施、图书等完成采购配送。

九是农村薄弱学校改造。新建或改扩建农村薄弱学校 27 所，创建合格村小教学点 23 所，改建运动场 6 个、农村教学点食堂 35 个，农村区域办学条件可与城区学校相媲美。此外，全区安排 20 个贫困村、15 个贫困人口 100 人以上的非贫困村奖补资金 450 万元，鼓励村民群众自行建设入户便道、房前屋后场坪等“微建设”“微工程”，村民群众生活环境实现美观便捷。

### （四）整合资源资金

一是人员力量。所有在职区级领导均挂点联系帮扶 1 个建档立卡贫困村，20 个贫困村和 15 个贫困人口 100 人以上的非贫困村由区里统筹派驻驻村工作队，贫困人口 100 人以下的非贫困村由乡镇统筹派驻工作组，驻村工作队员全员实行 GPS 定位管理，全区机关和事业单位 3666 名干部每人结对帮扶 1~3 户贫困户，驻村帮扶、结对帮扶实现全覆盖，干部职工走访痕迹记录年均达 20 万人次以上。

二是配强班子。结合村“两委”换届选举，开展“农村能人工程”，选优配强贫困村领导班子，实现 85%以上贫困村主要负责人由致富能手、返乡农民工、复员军人担任。

三是资金投入。2014—2017 年，统筹整合财政涉农资金 3.1 亿元，通过国有平台公司融资 7 亿元，撬动社会资本 20 亿元，争取小额扶贫信贷资金 5675 万元，全部投放脱贫攻坚。实施扶贫项目 458 个，投入保障实现最大努力。目前财政资金拨付率 91%。

四是信息数据。统筹整合部门、行业贫困对象相关信息，建设全区统一、信息共享、动态管理的脱贫攻坚大数据管理平台，实现公安、发改、民政、人社、残联、教育、住建等职能部门与扶贫建档立卡系统信息互通共享、完全一致。

五是社会资源。扎实开展“万企帮万村”活动，52 家企业结对帮扶 20 个贫困村，提供就业岗位 267 个，621 名贫困对象受惠。湖南永通、怀仁、佳惠、远大、芭颉等社会组织（企业）累计救助、捐赠贫困家庭上千万元。强力推进“中国社会扶贫网”上线工作，目前完成贫困户注册 2980 户，完成率达 66.4%，爱心人士注册 1550 人。

## 三、 鹤城区脱贫攻坚的领域实践

在扶贫攻坚中，立足于示范引领，鹤城区强调要在怀化市率先脱贫，结合自身条件，在旅游扶贫、易地扶贫搬迁、教育扶贫和健康扶贫等领域重点开展了行之有效的扶贫攻坚实践。这些实践不仅加速了脱贫摘帽进展，也为防返贫奠定了坚实基础。

### （一）旅游扶贫：依托生态资源推进乡村旅游

近年来，鹤城区依托生态资源优势，坚持以脱贫攻坚统揽全局，探索发展“旅游+扶贫”模式，村集体、村民群众、贫困户实现多元增收。鹤城区旅游扶贫的主战场就是黄岩旅游度假区。

鹤城区黄岩旅游度假区，距城区18千米左右，辖白马村、大坪村2个行政村（合并前为4个），一直以来经济产业滞后，贫困人口达237户851人，贫困率达23%。据统计，黄岩旅游扶贫带动实现村均集体经济收入由0增加至50万元，农民人均可支配收入由8000元左右增至13000元左右，贫困户人均收入由1000元左右增至5000元左右。2016年，黄岩乡村旅游扶贫模式成为湖南省5个重点推广扶贫模式之一，得到全国人大常委会副委员长严隽琪的充分肯定。2017年，贫困户全部实现脱贫。

1. 突出一个主体地位

全区坚持村民群众的主体地位和首创精神，因势利导、因村施策，依靠和激发黄岩村民群众“我要脱贫”的原生动力，着力下好黄岩“旅游+扶贫”模式的四步“先手棋”。

2. 实施两个“统筹结合”

统筹结合旅游资源和农业资本。坚持优势优先发展、特色特殊发展，将黄岩优势农业资本与独特旅游资源紧密结合，成功探索“农旅共赢”发展模式，实现“农区变景区、家园变花园、农产变特产”，各类资源市场价值成倍增长。

统筹结合全民创业和全民就业。坚持大创业带小创业，促全民就业，通过农旅产业开拓乡村创业、本土就业。

3. 坚持三个基本原则

一是坚持“五大发展理念”原则。创新发展，将黄岩纳入大凉山生态旅游景区范畴，定位为省级以上农旅融合旅游示范点，将传统农业融入农旅结合的全域旅游发展中；协调发展，实现经济与生态、农业与旅游、贫困村与非贫困村、贫困户与非贫困户统筹协调发展；绿色发展，将生态优势转为经济优势，探索“绿水青山就是金山银山”的贫困山区脱贫奔小康的发展新路；开放发展，传统农业转型为外向型农旅融合型产业，结合张吉怀精品旅游带动建设，结合美丽乡村建设力争打造4A级旅游景区；共享发展，基础设施共享共建，旅游资源共享共赢，发展成果共享共惠。

二是坚持“四跟四走”原则。资金跟着贫困户走，黄岩地区投入各类资金1.1亿元，其中扶贫奖补资金、贷款资金近1000万元；贫困户跟着能人走，2个村乡村旅游发起人均为村支“两委”干部、返乡创业能手，示范带动、连锁集聚村民群众和贫困户踊跃集资入股；能人跟着产业项目走，实施各类农特产种植项目20余个，建成乡村旅游景点项目10余个，续建项目20余个；产业项目跟着市场走，日均接待游客200人以上，实现旅游收入1.2万元，带动农产品销售、旅游消费等3万元以上。

三是坚持“六个以”原则。以党组织为领导，区委、区政府集全区之力支持黄岩乡村旅游景点提质改造，黄岩管理处党委统筹区域乡村旅游布局规划，白马村、大坪村发起人具体谋划实施“旅游+扶贫”模式；以脱贫为目的，通过发展乡村旅游这个载体，确保所有村民贫困户通过务工就业、农产品销售、参股分红、土地流转等实现多元增收，实现2017年所有贫困户脱贫的目的，最终实现2018年致富奔小康；以产业为依托，通过“生态景点+体验农业+休闲农业+观光农业”模式，带动第三产业等各类产业、基础建设、新农村建设同步发展；以市场为导向，打造怀化中心城区周边短线旅游目的地、张家界—桂林精品旅游圈集散地和中转地；以财政为杠杆，累计投入财政资金8000多万元，撬动社会、金融资本3000万元投入黄岩扶贫开发及景点建设；以专业合作社为载体，搭建利益联结载体、贷款融资载体，大坪村贫困户成立农民专业合作社统一入股，强化贫困户权益保障。

4. 构建四个利益联结

一是能人与穷人联结。乡村旅游发起人牵头示范引领贫困群众筹资入股组建旅游开发公司。其中，白马花海景点发起人占股60%、一般村民占股25%、贫困户占股15%；怀化大峡谷景点发起人占股59.3%、一般村民占股27.7%、贫困户占股13%。每股每年至少保底分红700~1000元。

二是强村与弱村联结。行政村合并前，围绕白马村、大坪村旅游产业，带动另外2个村的凉山湖、烧烤园、果蔬产业、稻花鱼基地发展，助推“一村一品”格局。行政村合并后，2 个村着手推动并入村贫困对象入股旅游公司，协调并入村村民免费进入景点土特产市场经营销售。

三是政企与村企联结。政府独资企业区城建投资公司投入 6000 万元基础设施建设资金核算入股，占 2 个村旅游开发公司股份的 40%左右，共担风险、共负盈亏，最大限度地解决村企资金短缺瓶颈，实现合作互补双赢，实现景点基础设施短期内迅速提质。

四是局域与全域联结。区委、区政府以全区 132 名政策兜底对象扶贫奖补资金参股黄岩旅游公司，确保全区最贫困人口稳定分红增收。

### （二）易地扶贫搬迁：精准发力推进建设

湖南省下达鹤城区“十三五”易地扶贫搬迁任务 1387 人，分 2 年实施完成。2016 年已经搬迁 71 户 278 人，超计划完成 2 人。2017 年搬迁任务为 273 户 1111 人，共建设 11 个集中安置点，其中 10 户以上集中安置点 10 个、10 户以下集中安置点 1 个。11 个安置点全面竣工交付使用，273 户 1111 人全部搬迁入住。2016 年以来，全区针对建档立卡易地搬迁对象“散、小、弱、差、远”等特点，坚持因地制宜、精准发力，按照“小集中、多产业、大帮扶”工作思路，推行“三管一到位”责任推进机制、“五统一”建设管理模式，强力推进易地扶贫搬迁工程建设。

1. “小集中、多产业、大帮扶”搬迁思路

结合全区搬迁对象“点多人少”现状，鹤城区借鉴“贵州水库移民”模式，充分考虑、保证搬迁户就近便利，实现“离乡不离土”，使其能较快地融入搬迁地环境、保持生产生活的稳定性，探索出“小集中、多产业、大帮扶”易地扶贫搬迁工作思路。

“小集中”就是在党委、政府的引导下，充分尊重搬迁群众意愿，以 10 户左右或 40 户以下为标准，选择交通便利、自然资源较好、距原居住地较近等区域集中新建安置点，政府统一进行水、电、路等基础设施建设。

“多产业”就是因地制宜、分类引导搬迁对象以依托原有的责任山、

责任田发展种养业等为主，自主发展、入股分红、就近务工为辅，多项并举发展后续产业，确保一户一产业、一户一就业，努力实现“挪穷窝与改穷业”并重，切实保证搬迁户搬得出、稳得住、有事做、能发展。

“大帮扶”就是搬迁群众帮扶全覆盖，每户确定有后盾单位帮扶干部，重点从教育、医疗、养老、低保等方面争取政策扶持，实现帮扶全覆盖，千方百计解决搬迁户基本民生需求，消除发展生产的后顾之忧。

2. “三管一到位”责任推进机制

针对易地扶贫搬迁点多、线长、面广、时间紧的实际，鹤城区坚持责任链紧扣任务链、以问责追责倒逼担责尽责，探索建立了横向到边、纵向到底的“三管一到位”（领导管点、部门管线、乡镇及扶贫工作队管面、督查到位）全覆盖责任推进机制。

3. “五统一”建设管理模式

创新建设模式，全面实施“交钥匙工程”，所有集中安置点均按照“五统一”要求实施，即统一规划设计、统一选址定点、统一招标投标、统一建设管理、统一搬迁入住，房屋竣工验收后直接分配到户。

4. “五个好”后续帮扶措施

易地搬迁是搬迁户生产生活重大转折点。鹤城区坚持按照“收好尾、搬好家、对好账、就好业、兜好底”工作思路，通畅易地扶贫搬迁“最后一公里”，保证搬迁户尽早顺利乔迁入住、稳定脱贫、持续发展，确保自始至终实事办实、好事办好。

## （三）教育扶贫：打造均衡发展的靓丽名片

村小教育是基础教育中的基础，也是制约义务教育均衡发展的短板。近年来，鹤城区高度重视村小建设，将其作为教育扶贫的关键突破口，先后启动实施了“村小建设年”计划、村小建设巩固工程、村小质量提升工程，加强村小及教学点硬件设施建设，强化师资队伍建设，有效提高教育教学质量，最大限度地促进城乡教育均衡发展，实现了“村小不小、乡村不乡”的目标。如今的村小，已成为全区教育均衡发展的靓丽名片，为农村贫困学生提供了良好的学习环境。

1. 不遗余力，改善村小办学条件

近年来，共投入近4300万元，改扩建村小（教学点）23个；投入390万元装配篮球场15个、乒乓球台38个、教学仪器6521件、功能室24间；新建村小（教学点）食堂12个、教师公租房57套，确保每一所村小有教室、有图书、有体育器材、有运动场、有功能室、有食堂、有教师周转房，村小办学条件得到全面改善。

2. 多措并举，提升村小师资水平

为提高村小教师的综合素养和专业水平，全区坚持以强化培训为抓手，唱响村小教师队伍建设的“三部曲”。“筑良巢”，为村小学校教师修建公租房57套，确保每一位村小教师都住有所居。“引彩凤”，除每年特岗教师计划优先保障村校外，建立了城乡教师交流轮岗机制，鼓励城区学校、乡镇中心学校的骨干教师、青年教师到村小支教、送教。“献醴泉”，在区财政十分困难的情况下，在全市武陵山片区县中率先全面兑现边远山区教师人才津贴，为全区近80位村小（教学点）教师发放人才津贴近80万元；设立教师奖励基金，在政策上向村小教师倾斜，对在学校发展和教育教学质量提升上作出积极贡献的村小教师给予适当奖励。

3. 教研课改，提高教育教学质量

创新教研工作举措，探索建立“大教研”的发展机制，盘活区内教研软硬件资源，协调城区学校与农村学校、优质学校与薄弱学校定期开展联合教研，并将村小教师作为重点培养对象。在教研室的指导下，河西学校、红星路小学、城南学校、黄金坳小学（含村小）联合建立了“行知工作室”教研联盟，每月开展一次校际教研，以提升农村教师理论视野、提高农村教研水平为重点，将“以研促教、以研促学”“打造高效课堂”的理念深深根植于乡村教师的心中。同时，在村小及教学点中积极推行新课改，将信息技术教学手段融合在日常教学之中，探索构建了“自主、合作、探究”的高效课堂教学模式。

## （四）健康扶贫：治好“病根”拔“穷根”

习近平总书记讲过，没有全民健康，就没有全面小康。只有断掉“病根”，才能拔掉“穷根”。鹤城区贫困人口中涉病因素人口有 2340 人，占贫困总人口的 15%左右，其中重病、慢性病贫困人口 1698 人，占涉病因素贫困人口的 72.56%。健康扶贫成为全区实现脱贫摘帽的重中之重、难中之难。在抓好产业和就业的同时，鹤城区始终把健康扶贫作为脱贫攻坚的主攻方向。2017 年湖南省健康扶贫综合考核中，鹤城区被评为全省先进单位，位居怀化市第一。

1. 把握两个目标导向

根据国家、省、市要求，将农村贫困人口住院医疗费用个人实际报销比例提高到 90%，大病、特殊慢性病、长期慢性病门诊医疗费用个人实际报销比例提高到 80%。围绕上述两个目标，全区成立了由区长任第一组长、分管副区长任组长的健康扶贫工作领导小组，建立了健康扶贫联席会议和定期调度机制，构建了部门协作、系统联动的健康扶贫工作大格局。

2. 强化三项政策到位

（1）“三个一批”落实到位

“大病集中救治一批”全面完成，2017 年全区救治 230 人，占贫困人口总数的 1.5%，救治率 100%；“慢病家庭签约健康管理一批”全面开展，共计签约 1468 人，签约率、体检率均为 100%；“因病致贫、因病返贫政府兜底一批”机制建立，2017 年兜底 273 人，占贫困人口总数的 1.8%，救助资金 90 余万元。

（2）“六层保障”综合兜底

统筹基本医疗、大病保险、特惠保、民政医疗救助、定点医院减免和政府健康扶贫专项兜底预算 6 类资金，确保实现“门诊费用报销比例 80%、住院医疗费用 90%”目标，具体操作为“一覆盖、三提高、两补贴、一减免、一兜底”。“一覆盖”方面，建档立卡贫困人口 100%参保城乡居民医保。“三提高”方面，提高基本医疗保障水平，取消农村贫困人口辖区内普通门诊报销起付线，对准病种、药品目录，把控医疗费用，贫困人口住院费用城乡居民医保报销比例提高 10%；提高大病保险保障水平，贫困人口大病保险补偿起付线由 8000 元降至 3000 元，降幅达 62.5%，超省定标准 12.5 个百分点；提高医疗救助水平，符合政策条件的贫困人口全部纳入重特大疾病医疗救助范围，对贫困人口中的低保对象和非低保对象患重特大疾病住院治疗的，其医疗费用经各类保险报销后政策范围内的自付费用，民政部门分别按照 70%和 50%的比例予以救助。“两补贴”方面，财政全额补贴贫困人口城乡居民医保个人缴费部分 227 万元；财政全员购买扶贫特惠保 83 万元，理赔 223 人 71 万元，赔付率 86%。“一减免”方面，2017 年，全区罹患 12 种大病贫困对象 54 人，区内定点医院按 50%标准累计减免 1.4 万元。“一兜底”方面，累计帮扶 273 人次 90 余万元，人均保障 3290 元。

（3）“三个措施”管服①见效

一是坚持分级定点诊疗。建立“基层首诊、双向转诊、急慢分治、上下联动”分级诊疗机制，确定市第五人民医院、区妇幼保健院、10 家乡镇卫生院及社区卫生服务中心分别为鹤城区市、区、乡三级定点诊疗医院。二是坚持“一站式”结算。抽调民政、卫计、医保等部门 11 人，成立区“一站式”结算中心，设城乡居民医保中心。三是坚持“先诊疗后付费”。全区 12 家市区乡级定点医疗单位，全区农村参合贫困人员，享受区内定点就医“先诊疗后付费”，住院时不再需要交纳全额住院押金。怀化市贺家田乡板栗坪村高岩垅组周和英感激地说：“我们全家三口都患病，老公智障，小孩患有先天性血小板减少症。我从来没到正规医院看过病，现在国家政策好，我们老百姓住院也不用先交钱，国家出了 90%，我们自己只要出 10%。今年我住院共花费医药费 1.1 万多元，新农合报销了 6900 多元，兜底 3200 多元，自付 900 多元，压力小多了。”

① 指放管结合，优化服务。

3. 突出四点基础创新

（1）统一专账管理

2017 年 6 月，新设“一站式”财政专项归集户，把大病保险、医疗救助、特惠保、区财政兜底预算资金统一纳入专户管理，统筹健康扶贫保障资金。专户现已汇集备用金 1000 万元，归集卫计部门资金 52 万元，其他部门资金正向此账户归集，改变了过去民政、特惠保、财政“分散支出、各自为政”的局面。

（2）建立远程诊疗

财政投资 1000 万元，签约湖南金圣达空中医院信息服务公司，合作实施健康扶贫远程诊疗工程，政府全额承担贫困患者远程诊疗费用，先后免费开展远程心电诊断 2460 人次、超声诊断 1357 人次、影像诊断 925 人次。通过远程诊疗平台项目的实施，既方便了贫困群众，又落实了分级诊疗，更减少了患者支出和管控报销支出。群众不出乡就能享受到省级专家的优质医疗服务，实现了在家门口就能看上病、看好病的目标，有效地缓解了看病难、看病贵问题。

（3）扩大救治范围

累计扩大救治尘肺病 3 人、肺结核病 690 人、艾滋病 460 人、重症精神病 2309 人；2018 年新增肺癌、乳腺癌、子宫内膜癌集中大病救治病种 3 类。

（4）强化基层能力

一是乡镇卫生院。投资 400 万元，提质改造乡镇卫生院 4 所，病床数增至 120 张。二是村卫生室。全区 20 个贫困村及 22 个贫困人口集中村，均建标准化卫生室，全部配备 1 人以上医务人员。三是乡村医生。出台《贫困村医生本土化“双定双向”工作方案》，计划 2017—2019 年培养 10 人，目前入学培养 5 人。

## 四、 鹤城区脱贫攻坚的突出成效

鹤城区坚定不移把脱贫攻坚工作作为首要政治任务和第一民生工程来抓，取得了显著成效，同时从主城区的角度不断推进城乡一体化和社会事业，也取得了良好效果。

1. 脱贫攻坚开创新局面

鹤城区严格对标“三率一度”，举全区之力推进“七大政策”“九大工程”。在扶贫方面，按照产业奖补、委托扶贫、发展光伏、入股专业合作社等多种形式，实施扶贫产业项目 163 个，贫困对象人均增收 1000 元以上，20 个贫困村集体经济收入全部增至 5 万元以上。建成易地扶贫搬迁集中安置点 11 个，安置入住贫困对象 1113 人，实施农村“四类”重点人群及非贫困户危房改造 3957 户。4. 5 米宽通村水泥道路全覆盖，新建组级道路 268 千米，实施农村公路窄路拓宽 73. 1 千米、安保工程 32. 3 千米、农村入户便道 70. 2 千米。解决饮水不安全问题 2. 7 万人，全区安全饮水普及率达 100%，自来水到户率达 85%。实施农网改造 86. 25 千米，贫困村移动 4G 无线网络覆盖率、光纤通达率实现 100%。定点医疗机构“先诊疗后付费”、“一站式”结算、“扶贫特惠保”等政策全面落实，贫困人口就医费用报销比例提高 10%，大病保险补偿起付线降低 50%，建档立卡贫困人口参加城乡居民医保个人缴费部分实现财政代缴，乡镇卫生院和社区卫生服务中心提供“远程诊疗”服务。资助建档立卡贫困学生 3089 名，在全市率先实施免费使用教辅、免费乘坐校车、免费享用营养午餐等政策，2418 名贫困学生直接受益。

总的看来，全区通过上下艰苦奋战，脱贫攻坚工作取得了阶段性成效，先后得到了国家、省、市领导的充分肯定。2016 年 4 月，全国人大常委会副委员长严隽琪视察鹤城区，赞赏了黄岩“生态休闲旅游+扶贫”模式，在《人民日报》上撰文予以推介，黄岩“生态休闲旅游+扶贫”模式也在 2016 年被列为湖南省 5 个重点扶贫模式之一；2016 年，鹤城区被评为全省脱贫攻坚先进县（市、区）；2017 年，鹤城区被明确为全国乡村旅游扶贫现场会指定会场。2017 年年底，全区累计实现 13866 名贫困对象脱贫（未脱贫 473 户 1264 人），贫困发生率降至 1%。在户脱贫方面，确保了脱贫人口均达到“一超过、两不愁、三保障”目标。在村退出方面，20 个贫困村“两个确保、两个完善”全面达标。在区摘帽方面，全区综合贫困发生率、错退率、漏评率、群众认可度全部达标，实现脱贫摘帽目标。2018 年 4 月，湖南省里发文确认鹤城区脱贫摘帽，并在全省一类县（市、区）中综合评价为“好”。可以说，在脱贫攻坚方面，作为主城区的鹤城区走在了整个怀化市的前列。

2. 城乡一体展现新貌

鹤城区坚持城乡统筹、城乡同治，城乡基础设施、治理能力一体化建设进程明显加快。怀邵衡铁路建设正在扫尾，张吉怀客运专线、渝怀铁路增建二线、怀芷高速、怀芷快速干线进展顺利，怀化综合客运枢纽站主体建成，溆怀高速黄金坳落地互通获省政府批复支持。

城市品质更优。中心市场、芷江路、舞水路、怀东路、北环路等提质改造全面完成，榆树湾棚户区及周边区域整体改造一期、区人武部区域改造基本完成，龙田塘特色街区、威虎山、西兴街、人民西路暨鹤州路等旧城改造征拆腾地进展加快。城东新城展现新姿，迎丰路立交桥、卢林北路、四方路、云箭片区“五路一桥”建成通车，法院等政法基础设施基本建成，即将入驻。

乡村环境更美。投入 2.1 亿元，强力推进“美丽乡村·幸福家园”建设，完成黄金坳镇整体规划编制，新建乡镇集贸市场 2 个、农村综合服务平台 33 个、垃圾中转站 5 座、垃圾池 230 座，农户改厕 600 户，除险加固骨干山塘 15 个，黄金坳“五朵金花”产业路提质基本竣工，创建“美丽乡村”示范村 22 个、秀美村庄 10 个。

城乡管理更精。开展 4 轮城市管理实地检查考核，城区“四小”、“两违”、渣土、建筑垃圾、禁燃限燃等专项整治成效显著，拆除“两违”建设 754 栋 10.2 万平方米。全面落实城区主次干道“18 小时保洁制”、火车站等重点区域“24小时保洁制”，背街小巷推行环卫保洁市场化服务新模式，怀化城区蝇类B级密度控制达标考核全省最优，3.8万余个“数字城管”交办件全部办结。大力推进农户家庭环境清爽行动，配备农村保洁员182名，扶贫特岗保洁人员近500名，农村垃圾基本实现日运日清全覆盖。城乡一体化建设的加快，在凸显主城区在城市和乡村建设中的重要作用的同时，也为防止贫困打下了坚实的基础。

3. 社会事业不断发展

怀化城区教育发展第二个五年行动计划全面完成，钟秀学校荣获“全国文明校园”，舞水小学荣获“全国中小学国防教育示范学校”，怀化四中荣获“全国生态文明教育示范学校”，太平桥小学荣获“全国首批家校协同实验学校”，怀化郡永实验学校、欧城小学建成招生，改扩建怀化雅礼实验学校、黄金坳小学等学校9所，新增城区学位2850个。计生特殊家庭扶助金人均年提至2400元，符合政策生育率达96.5%，计生特殊家庭关爱综合保障机制在全省推广。实施农村适龄妇女“两癌”免费检查4641名，家庭医生签约服务18万人。改扩建社区办公场地7个，建成和美社区3个，全面完成全国地名普查工作。“全民阅读·书香鹤城”一期全面完成，新建百姓戏台38个、文化活动广场86个、社区图书阅览室42个，综合文化服务中心、“村村响”工程全覆盖建成，送戏下乡85场次，区青少年体育活动中心竣工。教育扶贫、文化扶贫“扶智”“扶志”，能激发贫困户内部的发展能力与动力，从根本上拔掉“穷根”，真正做到脱贫不返贫。

## 五、 鹤城区脱贫攻坚的经验模式

综上所述，鹤城区脱贫攻坚做了大量工作，取得了显著成绩，因地制宜地探索出了脱贫攻坚经验模式：一是黄岩“生态旅游+扶贫”模式，为全区全域旅游、三产融合发展奠定了基础；二是针对搬迁对象“小、弱、散、差、远”等实际，探索易地扶贫搬迁“小集中、多产业、大帮扶”模式，妥善解决了搬迁贫困户后续发展难题；三是推行产业发展奖补政策，极大地激发了贫困户发展生产、就业创业、脱贫致富的内生动力；四是简化劳务交通补贴申请程序，快速认定核实贫困户真实收入；五是规范“七大政策”台账资料，系统精准确保贫困户脱贫；六是区级层面统筹投入资金，统一贫困户、非贫困户危房改造政策，推进农村区域危房改造全覆盖；七是在农村区域尤其是贫困人口集中区域开展文明家庭评比，引导贫困户消除相互攀比、“等靠要”思想；八是对非贫困村派驻扶贫工作队、工作组，实现贫困人口驻村帮扶全覆盖；九是实施深度贫困户定点统筹委托入股分红，确保长期收益、稳定脱贫；十是驻村工作队队员实现 GPS 管理，用技术手段避免工作队员“走读”、“挂名”帮扶。

## 六、 鹤城区防返贫的机制探索

贫困地区的脱贫攻坚工程从来都不是单一的经济行为，而是一个涉及经济、社会、文化、制度、生态等多维的复杂系统。在扶贫工作卓有成效并取得阶段性成果的同时，鹤城区也在不断探索防返贫的长效措施，并形成了一套工作机制。

### （一）提高认识，发挥区域防返贫长效机制的引领作用

打赢脱贫攻坚战，解决区域性整体贫困，是党中央、国务院的重大决策，是新时代中国特色社会主义伟大事业的历史使命，充分体现了习近平新时代中国特色社会主义思想，充分体现了执政为民、以人民为中心的理念和为人民服务的宗旨，充分体现了党把满足人民日益增长的美好生活需要作为奋斗目标的责任担当。作为怀化市唯一城区，鹤城区以脱贫攻坚统揽经济社会发展全局，推动了各项重点工作落地落实，奋力夺取了脱贫攻坚和经济社会发展的“双胜利”。2014—2017 年，全区区内生产总值年均增长 8.1%，固定资产投资年均增长 7.9%，公共财政收入年均增长 10%，城乡居民人均可支配收入分别年均增长 8.4%和 11.6%。在全市产业项目巡检中，鹤城区连续 2 年居全市片区第一；鹤城区教育在民调中被群众评

为全市最满意社会事业，成功创建全市首个全国义务教育发展基本均衡区、教育强区；鹤城区连续3年被评为湖南省安全生产、社会治安综合治理工作先进县（市、区）。可以说，2014—2017年是鹤城区建设投入最多、城乡面貌变化最大、社会建设和民生改善成效最显著的时期，在怀化市的引领地位进一步得到了巩固。

当前，鹤城区已经取得了顺利脱贫的阶段性成果，如何巩固成果、防止返贫则成为下一阶段的首要问题。全区将以习近平新时代中国特色社会主义思想为指引，坚决贯彻落实党关于打赢脱贫攻坚战的部署要求，坚持主城区的担当，进一步巩固脱贫攻坚成果。坚持“资金投入只增不减、人员力量只增不减、工作力度只增不减”，持续加强农村基础设施建设，统筹推动贫困村和非贫困村基础设施条件显著改善；持续加强产业扶贫，做大做强特色产业、特色产品，拉长产业链条，切实发挥好产业扶贫的“造血”功能；持续强化政策保障和组织保障，确保贫困村基本公共服务完善、贫困人口基本生活完全保障、基层组织带领群众脱贫致富能力明显增强，确保鹤城区同全国一道并在全市率先迈入全面小康社会。

## （二）三大行动，筑牢防返贫基础

### 1. 开展质量提升行动

坚持把“四基”建设作为工作重中之重。

一是聚焦“基因”。以贫困户和贫困人口为“基因”，注重扶贫与扶志、扶智相结合，改进帮扶方式，提倡多劳多得，激发内生动力，营造勤劳致富、光荣脱贫氛围，确保贫困群众通过有效帮扶，思想观念有转变，劳动技能有提升，环境卫生有变化，家庭收入有稳定的渠道。

二是坚持“基本”。既不能降低标准、影响质量，也不能调高标准、吊高胃口，保证贫困人口现行标准下的脱贫质量，确保贫困地区基本公共服务领域主要指标接近全国平均水平。

三是夯实“基础”。加强动态管理，对返贫对象及贫困老年人、残疾人、重病患者等群体实行精准帮扶。继续完善建档立卡系统，对扶贫开发信息系统的基础数据进行经常化比对校正，实现问题数据动态清零。不断完善“互联网+精准脱贫”精准管理平台建设。健全公告公示制度，扶贫资金分配结果一律公开，乡、村两级扶贫项目安排和资金使用一律公告公示。继续加强村级扶贫公示栏建设和“两卡两折”发放工作。

四是强化“基层”。突出抓好扶贫干部学习培训，提高领导干部研究攻坚问题、解决攻坚难题能力和基层干部实际能力，培育懂扶贫、会帮扶、作风硬的扶贫干部队伍。举办精准脱贫能力培训班，全面加强党员干部脱贫攻坚能力建设。加强“三支队伍”建设，选优配强村“两委”班子，加强驻村帮扶工作队的管理。抓好社会治安综合治理，开展“扫黑除恶”专项斗争。坚持物质文明和精神文明一起抓，培育文明乡风、良好家风、淳朴民风，不断提高贫困乡村社会文明程度。

2. 开展风险管控行动

深入开展脱贫领域腐败和作风问题专项治理，认真化解防范扶贫领域政治风险、经济风险、道德风险。集中解决脱贫领域“四个意识”不强、责任落实不到位、工作措施不精准、资金管理使用不规范、工作作风不扎实、考核评估不严格等突出问题，重点治理引发信访舆情风险、项目资金管理风险、产业扶贫失败风险、扶贫小额信贷还贷风险和加重政府债务风险等敏感问题。建立扶贫领域风险联防联控机制，及时对各类问题进行分析研判、提醒预警和有效处置。继续开展扶贫资金监管专项整治、扶贫领域“雁过拔毛”式腐败问题专项整治、扶贫领域信访积案清理化解3个专项活动。强化“互联网+监督”和巡察成果运用，加强源头治理和责任倒查。对失职失责的有关职能部门及相关责任人严肃进行问责。

3. 开展作风攻坚行动

以“三走访、三签字”为载体，持续压紧压实责任，切实解决脱贫攻坚工作中的形式主义、官僚主义、弄虚作假、急躁厌战情绪和消极腐败现象，以作风攻坚促进脱贫攻坚。大兴调研之风，深入开展扶贫慰问调研活动。突出政策落实，扎实开展扶贫政策落实情况专项自查自纠活动。改进督查方式，组织对各乡镇、街道及区直部门实行常态化督导与点验式暗访相结合、综合督查与专项督查相结合、督查与整改相结合的巡查和暗访，形成问题清单，进行“举一反三”式整改，增强督查实效。

## （三）四项强化，构建组织保障的实施体系

1. 强化组织领导

区党政“一把手”认真履行巩固提升脱贫成果第一责任人的职责，成立由区委书记任组长、区长任第一副组长的鹤城区巩固提升脱贫摘帽成果工作领导小组，下设巩固提升脱贫摘帽成果工作办公室；深化定期帮扶走访机制，联村区领导和结对帮扶干部每年进村入户走访不少于 8 次，建立健全鹤城区巩固提升脱贫摘帽成果责任体系，制定下发考核奖惩办法，切实增强全区上下攒劲奔小康的紧迫感和责任感，切实把工作重心从脱贫攻坚转移到脱贫致富奔小康上来，加快推进全面建成小康社会进程。

2. 强化督查巡查

以巩固提升脱贫成效为目标，认真排查巩固提升精准脱贫基础管理“四个一”和精准脱贫示范创建“六个一”基础工程落实情况。深入开展常态化督查巡查机制，坚持月巡查、季调度、半年考评、年终通报工作机制。深入开展脱贫摘帽“回头看”行动，着力解决好产业帮扶不实、利益联结不紧、收入增长不稳、脱贫成效不真等突出问题，深入剖析内因，狠抓问题整改，进一步完善产业带动帮扶机制和协议分红机制，确保脱贫对象持续稳定增收。摸清实际需求，解决好脱贫村、脱贫对象后续发展问题，掌握产业扶贫资金精准使用情况和成效，切实做好总结提炼工作，努力创造可复制、可推广的好经验、好做法。

3. 强化资金保障

紧扣精准，帮助扶贫对象做好产业发展、就业帮扶、“雨露计划”、小额信贷、社会保障等各项服务工作，真正做到“脱贫不脱政策、帮扶不减力度”。2018 年，计划投入资金 2. 34 亿元，其中财政整合资金 1. 04 亿元、其他投入 1. 3 亿元，主要用于农村薄弱基础设施建设和产业发展，切实提高整合资金使用效益和支付效率。严格项目质量监管，开展扶贫项目第三

方监理，推动政事分开和政企结合，优化项目资金审计结算流程，简化报账手续，加大扶贫结转结余资金整合消化力度，保障财政扶贫资金安全、高效使用。

4. 强化考核奖惩

充分发挥考核“指挥棒”作用，强化督查结果运用，严格考核奖惩，建立和完善预防返贫致贫考核办法，完善属地管理制度，将脱贫摘帽后续扶持工作成效纳入绩效考核范畴，提高考核占比权重，通过考核手段督促各项任务落实落地。同时，加强驻村扶贫队伍建设，突出新调整的驻村工作队人员管理，建立完善驻村管理考核、督查评价机制，着力打造一支纪律严明、作风优良、务实高效的扶贫“铁军”，全面提升驻村帮扶成效。

# 后　记

2015年5月至2017年4月，根据国家民委的安排，我作为国家民委派驻武陵山片区联络员，挂职任湖南省怀化市委常委、副市长，在全方位参与党政工作的同时，围绕《武陵山片区区域发展与扶贫攻坚规划（2011—2020年）》的落地实施，针对怀化市经济社会发展与扶贫攻坚重大问题，尤其是防返贫长效机制建设，带领联络员团队开展全面调查研究。适逢全国吹响打赢脱贫攻坚战的冲锋号，我深入实地撰写了多份有影响力的调研报告，部分得到全国政协副主席和国家民委领导的批示。派驻挂职结束后，回到学校，我与扶贫事业结下的缘分依在，与怀化结下的情谊依旧，继续带领研究团队深入开展集中连片特困地区怀化市脱贫攻坚与防返贫调查研究工作。又过了一年半的时间，终于完成了这本汇聚多个专题调研成果、蕴涵集体智慧结晶的著作，期待对致力于这方面实践探索和理论研究的人们产生启发意义和借鉴价值。

回顾那两年，为怀化做得很不够，但从怀化党委政府、干部群众身上学到的却很多。除了管理经验，还体现在对办学方向、学问方式的认识和作为上。在此我想着重谈谈挂职结束回到学校后，关于哲学社会科学研究范式的反思与认识。

（一）新时代哲学社会科学研究何为？哲学社会科学研究属于理论研究，其使命和任务是理论创新，那理论创新的动力何来？理论研究的问题意识从哪里来？挂职实践让我们更加强烈地感觉到理论来自实践，来自生活，来自基层，来自群众。我们的理论研究如果离开中国实践，一开口说的就是“西方话”（包括西方的概念、语法、框架、问题等）。要让理论说“中国话”，唯一的办法就是深入中国的实践，深入基层和群众。我们能从那里获得问题意识和研究课题，能真正明白什么叫作“理论研究必须解决现实问题、实践难题”。两年的亲身实践让我认识到，哲学社会科学研究必须“两条腿走路”：要在高深学府里做，充分吸取古今中外的历史智慧和理论资源，更要到中国田野中做，那里有世界上最前沿的实践创新，因而有真问题、真智慧。前者让我们的理论研究有历史的深度与逻辑的力度，后者让我们的理论研究有实践的硬度和现实的强度。如果我们仍然执迷不悟，还是从书本到书本、从概念到概念、脱离中国实践搞研究，就会陷入“四唯”困境（唯论文、唯职称、唯学历、唯奖项），甚至陷入无病呻吟、粗制滥造、制假造假、抄袭剽窃的泥沼。南京大学的梁莹只是极端例子中的一个，也是当前哲学社会科学研究脱离中国实践之痛。

（二）新时代哲学社会科学研究为何？中国当下的脱贫攻坚是人类历史上前所未有的创新实践，应当出现世界级的理论创新，问题是我们怎么既做先知先觉者，从伟大的实践中探明隐秘的规律、在实践的创新中获得理论的原创（primitive innovation），又做好“密涅瓦的猫头鹰”（黑格尔语），在独一无二的中国实践中积淀、沉积、升华出元创（meta - innovation）的理论？一言以蔽之，就是要解决问题。理论本身没有问题，一切理论问题都是实践的问题。不能解决实践难题、实践问题的理论都只能是无病呻吟，不可能有任何的创新。现在不少地方领导干部就是理论家（怀化市委书记彭国甫同志就是其中之一），有很深的理论造诣和研究能力。如果我们的理论研究不解决现实问题、不解答实践难题，写出来的论著他们会看吗？有什么用？能走出书斋、走近读者、走向世界吗？

（三）新时代哲学社会科学研究怎么为？一要重视挂职这一社会科学实践。挂职是中国干部培养、干部成长的一种创新，已经成为十分普遍的工作模式。对于高等院校和科研机构的干部而言，挂职更是具有方法论上的特殊意义，有可能形成一种全新的田野工作法。因为挂职干部不仅是旁观的田野观察者可以获取第一手的实证材料，不仅是参与的实践工作者可以用理论去指导实践，也不仅是这二者的一体化可以进行参与式观察和聚焦式细审，还能以领导干部的身份深融理论权威与行政权力、个人观察与团队研究于一体，可以实现理论与实践循环往复的直接升华和螺旋式推进，因而可能成为中国理论创新的新途径和新范式，本身就应当受到高度重视和深入研究。二要重视基于首创的原创。现代性是西方的，西方现代性是排除东方的。要摆脱西方的窠臼，唯一的出路是扎根中国的实践，是中国的实践创新。为此，我们的理论研究要走群众路线，尊重群众首创精神，走归纳创新而非演绎创新之路，在群众的首创之中寻绎原创的蛛丝马迹和隐秘理路。三要在中国实践中推进元创。致力于构建中华民族共同体、人类命运共同体的中国实践，在世界历史上是前所未有的，其所遇到的问题和难题也是前所未有的，绝对是世界级的。因此我们不仅需要原创理论的指导，也需要理论范式的元创新，即前提性假设与公理层面的创新，这才是中国哲学社会科学研究的最高使命，也是习近平新时代中国特色社会主义思想的真义所在。

我负责全书的顶层设计、组织分工、过程指导、质量控制和总纂定稿。参加撰写的主要人员具体分工为：导论——邹吉忠、贺新闻；第一章——邹吉忠、赵一君、路义旭、张杰；第二章——邹吉忠、张杰、刘云喜；第三章——邹吉忠、张子新、赵一君、岳永杰；第四章——邹吉忠、汪由元、张杰；第五章——张子新；第六章——索兴梅；第七章——岳永杰；第八章——李思川；第九章——刘云喜；第十章——褚萍；第十一章——路义旭。贺新闻统稿，刘云喜承担本书的秘书工作。

借此，感谢国家民委提供了一个锻炼机会。感谢湖南省委组织部、省民宗委提供了一个工作平台。感谢怀化市委、市政府和各县（市、区）党委及政府给予的支持和保障，特别是怀化市委书记彭国甫同志给予我的悉心指导和大力支持。感谢中央民族大学党委的关心和厚爱，张京泽书记、黄泰岩校长、鄂义太书记、马文喜副书记到怀化的每一次看望，都给联络员们带来莫大的信心和鼓舞，激励着大家以饱满的热情、昂扬的斗志投入地方工作当中。感谢联络员群体的付出及家人的支持，正是家人在后方的大力支持，才使联络员们在打赢脱贫攻坚战中安心地工作。感谢所有提供帮助的人们，你们使联络员在扶贫攻坚中经受了锤炼，积累了经验，增长了才干，丰富了思想，结下了友谊，收获了成长。

在撰写过程中，采纳了怀化当地提供的相关数据和资料，参考、借鉴了国内外诸多专家和学者的著作、最新研究成果、案例等，由于篇幅所限，未列举参考文献收列，在此向相关著作者致以诚挚的谢意。本研究成果得到国家民委“决胜扶贫攻坚——武陵山片区怀化市扶贫攻坚调研报告”课题的支持，得到中央民族大学专项出版经费的支持与资助，得到中央民族大学经济学院院长张丽君教授、国家民委研究室张启军同志等专家的指导与帮助。在此，一并表示衷心的感谢。

虽然在深入实践的基础上一直在不懈地努力探索，但是由于打赢脱贫攻坚战政策性强、涉及面广且不断发展变化，本书也仅仅是阶段性调研成果，难免有不足之处，敬请各位专家和学者赐教，我们将在以后的探索中不断改进。

**邹吉忠**

**2018 年 10 月 12 日于中央民族大学**